W0188022

Peter F. Drucker

Weltwirtschaftswende

# Peter F. Drucker

# Weltwirtschaftswende

## Tendenzen für die Zukunft

Wirtschaftsverlag Langen-Müller/Herbig

© Peter F. Drucker
Deutsche Ausgabe:
© 1984 Wirtschaftsverlag Langen-Müller/Herbig
Albert Langen · Georg Müller Verlag GmbH, München
Alle Rechte vorbehalten
Schutzumschlag: Christel Aumann, München
Satz und Druck: Jos. C. Huber KG, Dießen
Binden: Thomas Buchbinderei, Augsburg
Printed in Germany
ISBN: 3-7844-7135-8

# Inhalt

# Einleitung

Industrielle, Bankiers oder Wirtschaftswissenschaftler, fast alle spüren sie, daß die Weltwirtschaft sich in einem fundamentalen Veränderungsprozeß befindet. Es hat tatsächlich den Anschein,
als habe sich im Verlauf der letzten zehn Jahre eine
tiefe Kluft zwischen der Weltwirtschaft, wie wir
sie in den zwanzig oder dreißig Jahren seit dem Ende des 2. Weltkriegs kannten, und der Weltwirtschaft, in der wir jetzt leben, eröffnet hat. Was ist
aber wirklich geschehen? Die meisten Beobachter
sind zur gleichen Zeit viel zu pessimistisch und
viel zu optimistisch. Sie erkennen die ungeheuren
Möglichkeiten nicht, und zur gleichen Zeit unterschätzen sie den Ernst der Veränderungen. So sind
die Ereignisse, die allgemein als entscheidend eingeschätzt werden, wie zum Beispiel Entstehung
und Rolle der OPEC, wahrscheinlich nicht mehr
als Symptome. Die Veränderungen sind weit fun-
damentaler, zugleich aber auch weit ermutigender.
Sie stellen tatsächlich eine *Weltwirtschaftswende*
dar – und das bedeutet sowohl große positive Ent-

wicklungsmöglichkeiten, als auch starke Bedrohungen.

Fünf Entwicklungen sind hier aufzuzeigen. Sie sind getrennt und stehen doch miteinander in Beziehung.

Erstens läßt sich eine fundamentale Diskontinuität in der Technologie beobachten. 300 Jahre lang entwickelte sich die Technologie nach einem mechanischen Modell. Technologischer Fortschritt bedeutete höhere Temperaturen, höherer Druck, größere Geschwindigkeit. Das Modell waren die Vorgänge innerhalb eines Sterns, und zwar der Sonne. Diese 300 Jahre begannen mit der Entwicklung der Dampfmaschine – vor fast genau 300 Jahren durch den französischen Physiker Denis Papin, der in England und Deutschland arbeitete. Diese dreihundert Jahre fanden ihr Ende, als es uns gelang, die mechanischen Vorgänge in einem Stern zu reproduzieren, das heißt, als es uns gelang, Kernspaltung und Kernfusion zu reproduzieren. Zur gleichen Zeit verlagerte sich die Technologie auf ein biologisches Modell, das heißt auf ein Modell, in dem eher Information als physikalische Energie das formative Prinzip der Vorgänge ist. Wir verstehen das noch nicht ganz – das könnte noch fünfzig Jahre dauern. Wir wissen jedoch, daß alle Industrien, die auf den alten Prinzipien basieren, Gefahr laufen, zu veralten, und daß zur gleichen Zeit die Dynamik sich auf solche Industrien verlagert hat, die um die neuen Prozesse, also um Information, gebildet sind. Wir wissen weiter, daß wir vor einer langen Zeit stehen, in der zwei Wirtschaften parallel existieren. Das ließe sich vielleicht mit der Situation am Anfang des 19. Jahrhunderts vergleichen, als die neuen Dampfschiffe erschienen und sehr schnell den Passagierverkehr übernahmen, während auf dem Bereich des Gütertransports (der natürlich im ganzen 19. Jahrhundert mehr als vier Fünftel des gesamten Seeverkehrs ausmachte) ein neu entwickeltes Segelschiff, der »Clipper«, die Meere beherrschte. Es ist in dem Vorwort zu der deutschen Ausgabe dieses Buchs vielleicht erwähnenswert, daß der letzte der großen Clipper ein deutsches Schiff war, die *Preussen* mit 2400 Tonnen, die 1892 konstruiert wurde und gewinnbringend Dienst tat, bis sie am Beginn des 2. Weltkrieges versenkt wurde. Solche technologischen Veränderungen rufen jedoch auch neue Unternehmer auf den Plan und bringen neue Möglichkeiten für Unternehmertum und Innovation.

Was die OPEC betrifft, so veröffentlichte vor fast achtzig Jahren ein deutscher Volkswirtschaftler namens Liepman, der zu der Zeit in Freiburg arbeitete, ein Buch mit dem Titel *Die Kartelle,* in dem er darauf hinwies, daß jedes Kartell von seinem Ursprung her defensiv ist, und daß jedes Kartell den Niedergang seiner Industrie beschleunigt hat. Nun würden wohl die meisten sagen, daß die OPEC davon eine Ausnahme ist – aber das ist sie keineswegs. Die Petro-Industrie befindet sich sogar schon seit 1950 im Niedergang. Dieses Jahr ist nämlich das letzte, in dem die Zuwachseinheit Erdöl, die für eine Zuwachseinheit Industrieproduktion gebraucht wird, angewachsen ist. Seit 1950 ist diese Zuwachseinheit ständig kleiner geworden – und zwar schon vor 1973 recht schnell. Nach der wirtschaftswissenschaftlichen Definition steigt in einer »Wachstumsindustrie« die Ausgangsleistung einer Zuwachseinheit schneller als die Ausgangsleistung der Fertigung, die Bevölkerung oder das Bruttosozialprodukt, während in einer niedergehenden Industrie die Ausgangsleistung einer Zuwachseinheit weniger schnell steigt, und in der Petro-Industrie sind seit 1950 Ausgangsleistung und Verbrauch weniger schnell gestiegen als die Ausgangsleistung der Gesamtindustrie. Bis 1960 war dieser Niedergang auch in dem zweiten großen Markt für Erdölprodukte, dem Transportwesen deutlich geworden. Beispiele hierfür sind das Düsenflugzeug, das 1957 und 1959 in die zivile Luftfahrt übernommen wurde und das pro Tonne und Meile nicht mehr als zwei Fünftel der von einem Propellerflugzeug benötigten Treibstoffmenge verbraucht, die Diesel-Lokomotive, der Diesel-Bus und der Diesel-LKW, und in den U.S.A. der Übergang zu kleineren, leistungsfähigeren, weniger Treibstoff verbrauchenden »kompakten« Autos. Von 1970 an begann auch in dem dritten und letzten großen Bereich des Erdölverbrauchs, dem der Heizung und der Klimaanlagen, die Zuwachseinheit Energie, die für eine Zuwachseinheit in der Produktion gebraucht wird, deutlich zu sinken. Diese Entwicklungen wurden natürlich durch die

»Ölkrise« ungeheuer beschleunigt, also durch die OPEC – und damit hat die OPEC wie jedes andere Kartell den Niedergang seiner Industrie beschleunigt. Die Tendenz war jedoch schon lange vor der Bildung der OPEC deutlich – und in der gesamten Wirtschaftsgeschichte ist es noch keiner Industrie gelungen, einen Niedergang von dreißig Jahren umzukehren.

Die zweite große Diskontinuität, der zweite große Bruch in der Weltwirtschaft steht in Beziehung zu der Bevölkerung. Zum ersten Mal in der Geschichte gibt es einen deutlichen Unterschied in Struktur und Zusammensetzung der Bevölkerung zwischen großen Teilen der Erde. In den industrialisierten Ländern wird das herausragende Phänomen ein Mangel an jungen Leuten sein, der sich aus der starken Abnahme der Geburtenrate in allen diesen Ländern ergibt. In Deutschland setzte diese Entwicklung erst Ende der 6oer Jahre ein, aber inzwischen ist hier der Geburtenabfall ausgeprägter als in irgendeiner anderen Industrienation. Zugleich gehört ein ständig wachsender Anteil der Bevölkerung zu den Menschen, die man, wenn sie überhaupt so lange lebten, traditionell als »alt« bezeichnete, und zwar diejenigen über 65 oder gar über 75, 80 oder noch älter. In den Entwicklungsländern dagegen führte die Abnahme der Kindersterblichkeit, die ungefähr 1950 einsetzte, zu einem ungeheuren Zuwachs von jungen Leuten. Im Jahre 1938 besuchte ich zum erstenmal Mexiko. Von je hundert Kindern, die dort in jenem Jahr ge-

boren wurden, waren zwanzig Jahre später nur zwanzig voll arbeitsfähig. Achtzig waren entweder gestorben oder durch Unfälle oder Krankheiten arbeitsunfähig geworden. Von hundert im Jahr 1958 in Mexiko geborenen Kindern dagegen sind heute, also fünfundzwanzig Jahre später, achtzig am Leben, gesund und einsatzbereit. Das Absinken der Geburtenrate um fast 50 % in Mexiko reicht also nicht aus, um diesen enormen Bevölkerungszuwachs auszugleichen – und die Anzahl von jungen Leuten, für die man in Mexiko Arbeit finden werden muß, ist mehr als doppelt so hoch als zu irgendeinem anderen Zeitpunkt in der Geschichte dieses Landes. Dazu kommt noch, daß die Jugendlichen von 1938 in den Bergen oder auf dem Land wohnten. Heutzutage wohnen die Jugendlichen in den Städten – selbst in Afrika nimmt die Landbevölkerung ständig ab und verstädtert (Indien und China sind die einzigen Ausnahmen). Damit haben wir eine demographische Diskontinuität. Es wird in den entwickelten Ländern immer schwerer werden, die Alten zu ernähren, die nach traditionellen Maßstäben in den Ruhestand treten müßten (oder eigentlich längst tot sein sollten); und das wird sich immer mehr zum zentralen politischen Problem ausweiten. In den Entwicklungsländern ist die Stellensuche für Jugendliche, die kaum Schulung oder Ausbildung genossen haben und deshalb nur für traditionelle manuelle Arbeit in Frage kommen, eine Überlebensfrage.
In den entwickelten Ländern hat dazu eine ein-

schneidende Veränderung der Ausbildungsstruktur dazu geführt, daß mehr als die Hälfte der Jugendlichen über das schulpflichtige Alter hinaus weiterbildende Schulen besuchen und damit für die traditionellen manuellen Arbeiterberufe nicht mehr zur Verfügung stehen. Wahrscheinlich wird bis zum Jahr 2000 der traditionelle manuelle Arbeiter in der industriellen Fertigung weithin der Vergangenheit angehören. Noch vor vierzig Jahren, am Ende des 2. Weltkriegs, arbeitete in den meisten entwickelten Ländern zwischen einem Viertel und einem Drittel der Bevölkerung auf dem Land (vor allem England bildete davon eine Ausnahme); heute gibt es außer der Sowjetunion kein entwickeltes Land mehr, in dem mehr als ein Zehntel der Beschäftigten Landarbeiter sind. Eine ähnliche Verlagerung steht uns auch in der Industrie und bei den Industriearbeitern bevor – und das bedeutet unter anderem, daß die traditionelle Gewerkschaft ihren Sinn verloren hat. Kann sie überleben? Kann sie ihren Platz als funktionierendes Organ der Gesellschaft behalten, oder wird sie immer mehr zum Blinddarm werden, der sich nur entzünden kann?

Eine dritte bedeutende Veränderung ist die Entstehung einer Weltwirtschaft als dominante, dynamische Wirtschaft. Jede Nation, selbst die größte und mächtigste unter ihnen, die Vereinigten Staaten, mußte es im Verlauf der letzten zehn Jahre lernen, daß die Verfolgung einer effektiven Wirtschaftspolitik allein für das eigene Land unmöglich ist. Wir wissen zum Beispiel jetzt, daß Monetarismus Erfolg haben könnte, aber nur dann, wenn alle bedeutenden Handelsnationen der nicht-kommunistischen Welt, also Westdeutschland, die U.S.A., Großbritannien und Frankreich, zur gleichen Zeit die gleiche Politik verfolgen – was sicherlich nie eintreten wird. Wenn sich jedoch ein einzelnes Land entschließen sollte, allein eine Wirtschaftspolitik zu verfolgen, wird es damit scheitern, ganz gleich, ob die Politik konservativ, keynesianistisch, monetaristisch oder angebotsorientiert ist. Die ökonomische Integration der Welt wächst immer mehr, aber auf der anderen Seite auch ihre Fragmentierung.

Eine vierte Entwicklung würde ich als »Problem des Erfolgs« bezeichnen. Alle großen sozial- und wirtschaftspolitischen Errungenschaften dieses Jahrhunderts werden mit wachsender Geschwindigkeit zu Problemen. Vor achtzig Jahren, in den ersten Jahren dieses Jahrhunderts, gab es kein Land, das die arbeitsunfähigen, behinderten und armen Mitglieder der Gesellschaft versorgen konnte. Das kaiserliche Deutschland machte zwar mit seiner bahnbrechenden Sozialgesetzgebung einen Versuch in dieser Richtung, aber im großen und ganzen mußte jede entwickelte Gesellschaft, so reich sie auch sein mochte, um 1900 die Tatsache akzeptieren, daß sie bestenfalls einige Almosen austeilen konnte. Wenn wir den Begriff »Wohlhabenheit« gebrauchen, meinen wir damit, daß wir jetzt in der Lage sind, solche Menschen zu versorgen, die das aus irgendeinem Grund nicht selbst können. Wo aber sind die Grenzen? Wir wissen jetzt, daß es für Transferleistungen eine Grenze gibt, die nicht überschritten werden kann, ohne Produktions-Willen und Produktions-Fähigkeit einer Gesellschaft zu lähmen und zugleich die Wirtschaft und die Gesellschaft mit einer anhaltenden und nicht mehr zu bewältigenden Inflation zu bedrohen. Ebenso gibt es auch für Regierungen eine Grenze, die sie nicht überschreiten dürfen, ohne immer mehr an Macht zu verlieren.

Keine andere Schicht oder Klasse hat in der Geschichte jemals einen Erfolg gehabt wie der ungelernte Arbeiter in diesem Jahrhundert. Seine Kaufkraft ist um mindestens das Zwanzigfache angestiegen – mindestens viermal so schnell wie bei irgendeiner anderen Gruppe der Gesellschaft (die Gruppe mit dem nächstschnelleren Einkommensanstieg ist die der Ärzte). Der Arbeiter von 1900 hatte nur die allerrudimentärste Krankenversicherung. Er hatte keine Arbeitslosenversicherung, keine Rente, keinen Urlaub, im allgemeinen keine Gewerkschaft und weder politische Macht noch einen Sozialstatus. Vierzig Jahre davor, als die Gewerkschaften ihre Ziele formulierten, wie zum Beispiel in dem Erfurter Programm der Sozialdemokratischen Partei Deutschlands, machte der »Lohnfond«, also der Fond, aus dem die Löhne der Arbeiter bezahlt werden, nicht mehr als zwei Fünftel des Bruttosozialprodukts eines Landes aus, heute dagegen ungefähr 90 %. Eine weitere Steigerung ist offensichtlich nicht mehr möglich. Wir sehen uns heute zunehmend von der Sorge bedroht, woher die notwendige Kapitalbildung kommen soll. Von jetzt an muß sich die Wirtschaftstheorie und -politik offensichtlich bemühen, einen Weg zu finden, wie der Anteil vergrößert werden könnte, der in den Kapitalfond fließt – in scharfem Gegensatz zu den hauptsächlichen Sorgen der Wirtschaftspolitik der letzten hundert Jahre.

Zum Schluß sei bemerkt, daß wir heute keine praktikable Wirtschaftstheorie oder gar eine praktikable politische Theorie besitzen. In den vergangenen fünfzig Jahren dachten wir, wir würden in der Wirtschaft die Antworten kennen, obwohl wir nicht immer ganz sicher waren, ob wir die Fragen wußten. Beginnend mit Keynes in den frühen Jahren der Großen Depression stellte sich die Volkswirtschaft als echte »wissenschaftliche Theorie« dar. In den hundert Jahren davor wurde Volkswirtschaft als die »öde Wissenschaft« bezeichnet, wenn auch vielleicht nur deshalb, weil sie ständig nur Verbote zu erlassen schien. Plötzlich geriet die Volkswirtschaftslehre in Euphorie. Keynes predigte, daß man zur Lösung der wirtschaftlichen Probleme nur den Verbrauch zu steigern brauche – und etwas angenehmeres konnte es doch sicher nicht geben. Keynes' direkte Nachkommen, die Friedmaniten, predigten dann, man brauche nur Jahr um Jahr in einem stabilen Prozentsatz die Geldzufuhr steigern – und das ist praktisch nichts als eine andere Art der Konsumsteigerung. In den letzten Jahren haben die Verfechter einer angebotsorientierten Wirtschaft eine noch frohere Botschaft verkündet: eine Regierung braucht nichts zu tun als die Steuern zu senken. Inzwischen wissen wir aber, daß all das nicht funktioniert – keine einzige von all diesen Theorien. Wir haben jedoch noch keinen Ersatz für sie.

Ebensowenig haben wir einen Ersatz für die große Erfindung des modernen Europa, den Nationalstaat, obwohl er offensichtlich am Ende ist. Vor 400 Jahren als Antwort auf die Bedrohung erfunden, die Spaniens stehende Armee für jeden politischen Verband und jede Institution in Europa darstellte, war der Nationalstaat mit dem Triumph von Bismarcks Deutschland und Cavours Italien im 19. Jahrhundert die einzige integrierende politische Organisation geworden, und während des gesamten 19. Jahrhunderts war er das einigende Prinzip. Seine Tendenz verlief in Richtung auf größere politische Einheiten – seien es nun die Vereinten Staaten, das kaiserliche Deutschland oder ein vereintes Italien. Das letzte Mal, als auf den Karten das Territorium eines Nationalstaats vergrößert werden mußte, war 1901, als die Engländer die Buren-Republiken annektierten. Die nächste Veränderung auf der Karte war die Trennung Norwegens von Schweden, und seitdem haben wir nichts als Spaltungen und Auflösungen erlebt – die Auflösung der Kaiserreiche Oesterreich-Ungarn und Türkei, der Kolonialreiche der Westmächte nach dem 2. Weltkrieg, und so fort. Dieser Prozeß ist offensichtlich noch nicht abgeschlossen. Es gibt jedoch keinen Ersatz für den Nationalstaat. Es gibt nun »Nationalstaaten«, die winzige Flecken auf der Landkarte sind und weniger Einwohner haben als viele deutsche Kreise. Jeder von ihnen hat aber seine eigene Armee, Marine und Luftwaffe, seine eigene diplomatische Vertretung, seinen eigenen Sitz in den Vereinten Nationen und seinen eigenen Kernreaktor.

Die Wirtschaftswelt ist damit zwischen zwei Realitäten gefangen. In ihrem eigenen Bereich, der Wirtschaft, wird die Welt in zunehmendem Maß integriert. Selbst kleine Firmen müssen heute in der Weltwirtschaft operieren, sind von Exporten abhängig, müssen Verbindungen mit dem Ausland aufnehmen, mit den Wechselkursen kalkulieren, und so weiter. In der anderen Realität dagegen, auf dem politischen Bereich, wird die Welt immer stärker aufgesplittert, neigt immer mehr zu Protektionismus und Nationalismus.

Dies sind einige der bohrenden Fragen der großen Diskontinuitäten in dieser Periode der *Weltwirtschaftswende*. Vielleicht ist es zu früh, um all diese Entwicklungsstränge zu einer gemeinsamen Behandlung zusammenzuziehen. Während ich dieses Vorwort zu *Weltwirtschaftswende* schreibe, bemühe ich mich – und komme dabei nur sehr langsam voran – all die verschiedenen Stränge in einem Buch zu vereinen, das einen inneren Zusammenhalt hat. Es ist jedoch nicht zu früh, sich die einzelnen Entwicklungen anzusehen und die Frage zu stellen: was bedeutet jede von ihnen für unser

Land? Für die Wirtschafts- und Sozialpolitik? Für mein Unternehmen? Vor allem aber, was bedeuten diese Entwicklungen für mich persönlich, für meine eigene Karriere und meine Chancen? Dies sind die Themen, an die die Essays in diesem Buch sich richten.

Peter F. Drucker
Claremont, Californien
1. März 1984

# Ein Spaziergang und ein Gespräch mit Peter Drucker

*(The Conference Board Magazine, Februar 1983)*

Peter Ferdinand Drucker, dessen Name fast als Synonym für modernes Management bezeichnet werden kann, macht seinen Nachmittagsspaziergang. Wir schlendern durch den botanischen Garten von Santa Ana in der Nähe seines Hauses in Claremont, Californien. Es war viel Überredung nötig gewesen, bis er sich endlich zu diesem Gespräch bereiterklärte. Wir gehen weiter, und er beginnt zu erklären, warum die Versuche der Regierung Reagan, die Gesellschaft wieder ins Lot zu bringen, an dem Zusammenbruch der traditionellen politischen Ausrichtungen scheitern. »Es gibt für die politischen Maßnahmen, die wir brauchen, keine Rückendeckung bei den Wählern mehr«, sagt er.

Er unterbricht sich, um auf einen blühenden Kaktus zu unseren Füßen zu deuten. »Sehen Sie mal, ist das nicht schön?«, sagt er mit einem breiten österreichischen Akzent. »Er steht noch immer in voller Blüte.«

Das ist meiner Meinung nach eine perfekte Beschreibung von Drucker selbst. Er kennt sich mit

Pflanzen ebenso gut aus und vertritt über sie seine
Meinung ebenso leidenschaftlich wie über wirtschaftliche Fragen und Management-Strategien. Er
hat es mit seinen 73 Jahren erlebt, wie wirtschaftliche Organisationen die meisten seiner beharrlich
vorgetragenen Empfehlungen angenommen haben
– wie Dezentralisierung, zielorientiertes Management, Qualitäts-Zyklen, verstärkter Einsatz von
wissenschaftlichen Erkenntnissen im Betriebsablauf, Messung der Effektivität des leitenden Perso-
nals und Schaffung eines unabhängigen Verwal-
tungsrats.
Obwohl man nach Druckers Eindruck in Japan
mehr auf ihn gehört hat als in den U.S.A., hat er
zweifellos auch bei den amerikanischen Gesellschaften großen Einfluß. Der bekannte Berater Ge-
orge Odiorne sagt dazu: »Drucker ist ein *Denker*,
und so etwas ist weit seltener als wir glauben. Er
hat uns gelehrt, daß Management ein Sachgebiet
ist, das studiert und angewendet werden kann. Er
betrachtet die Welt nach der Art von Darwin und
de Tocqueville nicht nach Umfragen und Statistiken, sondern er beobachtet und beschreibt. Er ist
von denen kritisiert worden, die sich auf Umfragen
und statistische Methoden verlassen und denen
seine Fähigkeiten fehlen. Wenn sie ihre Ergebnisse
jedoch mit Sinn erfüllen wollen, wenden sie sich
an Drucker.« Odiorne, der Autor von *Management
by Objectives* (1965) (Zielorientiertes Management), des ersten ausführlichen Buchs zu diesem
Thema, sagt, er sei von Drucker inspiriert worden.

»Das MBO-Konzept wurde mir zum erstenmal während meines Studiums bei Drucker an der Universität von New York erklärt. Er war dort die Stimme der Vernunft. Während man an der Fakultät eifrig mathematische Modelle erstellte und den Abstand zwischen den Augäpfeln der Manager vermaß, konzentrierte sich Drucker immer auf das, was Manager konkret machten, auf das Management in der Praxis.«

Ein Beobachter des Managements drückt das Phänomen Drucker so aus: »Viele der grundsätzlichen Konzepte des Managements von heute liegen scheinbar so offensichtlich auf der Hand, daß wir vergessen, wie unpopulär sie waren, als Drucker begann, sich für sie einzusetzen. Er hat sich zwar meiner Meinung nach oft geirrt, aber er hat sich nie mit dem hirnlosen Gezeter abgegeben, wie es von vielen Management-Päpsten praktiziert wird, und viele seiner Leistungen werden von anderen für sich beansprucht. Wenn Drucker für jedesmal, wenn man ihn zitierte oder falsch zitierte, auch nur geringe urheberrechtliche Gebühren verlangt hätte, wäre er heute ein noch viel reicherer Mann.«

Als wir einen leichten Hügel hinaufgehen, bemerkt Drucker noch einen Kaktus mit kleinen goldenen Blüten. Er beugt sich herab, um ihn sich anzusehen. »Den habe ich bisher noch nicht bemerkt«, sagt er. Er nennt mir seinen Namen, den ich nicht mitbekomme. Dann spricht er weiter über Reagan.

»Die Regierung kann bestimmte Dinge nicht einfach tun, weil sie zu den Parolen passen. Slogans und Parolen sind selten realisierbar, weil sie zu grob simplifizieren. Diese Regierung tut praktisch nichts, was Carter nicht auch getan hätte. Was die Innenpolitik betrifft, vermag ich keinen Unterschied zwischen den beiden zu erkennen. Ich werde es erst dann glauben, daß wir an den Defiziten und der Inflation etwas ändern wollen, wenn wir das Problem Altersversorgung angehen, aber vorher nicht. Wir wissen alle, was wir brauchen. Es ist ganz einfach. Wir müssen das System so verändern, daß eine Pensionierung vor 72 nicht mehr ermutigt, sondern erschwert wird. In dem gegenwärtigen System ist genau das Gegenteil der Fall. Wir sagen, daß bei uns das Ruhestandsalter bei 65 und in Japan bei 55 liegt, aber das ist nicht ganz richtig. In den meisten Gewerkschaftsverträgen ist ein Ruhestandsalter von 55 vorgesehen, und wir ermutigen eine frühe Pensionierung. In Wirklichkeit sind wir also nicht allzu weit von Japan entfernt. Wir sind aber einfach nicht in der Lage dazu, geistig und körperlich gesunde Menschen zu ernähren, bis sie Anfang 70 sind, und wir sollten das auch nicht wollen. Die große Mehrheit von ihnen ist noch arbeitsfähig. Wenn wir unser gegenwärtiges System nicht ändern, wird das durch Inflation von selbst geschehen. Mit Inflation läßt sich das erreichen, wofür man die Wählerstimmen nicht bekommt. Die jungen Leute werden nicht mehr bereit dazu sein, die Hälfte ihres Einkommens abzugeben, damit Leute wie ich unterstützt werden.«

Drucker sieht in die helle Sonne Südcaliforniens hoch und führt mich an einer Gruppe stachliger Büsche vorbei. »Sehen Sie«, sagt er, »nichts davon ist gar so schwer. Wir müssen die Menschen nur so behandeln, als seien sie intelligent. Das ist für eine Regierung jedoch sehr schwer, die weiß, daß sie keinen festen Wählerstamm mehr hat. Traditionelle politische Ausrichtungen funktionieren nicht mehr. Das ergibt sich zum größten Teil daraus, daß die neue Mehrheit, die gebildete und beschäftigte Mittelschicht keine politische Heimat mehr hat. Sie ist insofern liberal, als sie für Scheidung, Abtreibung und Jogging ist, aber zugleich ist sie auch sehr konservativ. Sie paßt in keine unserer politischen Parteien. Unsere Parteien sind einfach nicht mehr zeitgemäß. Sie sprechen noch immer von Kapital und Arbeitskraft. Wenn Sie aber einen jungen Ingenieur fragen, warum er sich für eine bestimmte Gesellschaft entschieden hat, wird er Ihnen sagen, weil sie ihm eine Aktien-Option angeboten hat. Es ist heute sehr schwer, eine Politik zu entwickeln, weil jede Politik einen festen Wählerstamm braucht, und der ist einfach nicht mehr da. Deshalb traut sich heute niemand mehr, etwas zu tun, was nicht schwarz oder weiß ist.«

Drucker ist von den führenden Betrieben der Welt um seine teure Beratung gebeten worden, aber er möchte sich nicht an eine Gesellschaft binden. »Ich war schon immer ein Einzelgänger«, sagt er mir. »Ich arbeite am besten außerhalb. Da bin ich am effektivsten. Ich wäre ein sehr schlechter Manager. Unbrauchbar. In einer Stellung in einer Gesellschaft würde ich mich zu Tode langweilen. Es macht mir Spaß, ein Außenseiter zu sein.«

Er hat nicht nur Angebote von Regierung und Wirtschaft abgelehnt, sondern auch von Harvard: »Wahrscheinlich bin ich der einzige, der vier verschiedene Lehrstuhlangebote von Harvard abgelehnt hat – einer in Wirtschaftswissenschaft, einer in Politologie und zwei in Betriebswirtschaft.« Aber warum? »Ich mag Harvard nicht«, sagt Drukker, der seit 1971 Professor für Sozialwissenschaften und Betriebswirtschaft an der Claremont Graduate School ist. »Ich mag Harvard nicht«, wiederholt er. »Man erwartet dort, daß die Lehrer hundertprozentige Akademiker sind.«

Es ist äußerst schwierig, Druckers Position genau zu bestimmen. Kenneth Boulding nennt ihn den »bedeutendsten Philosophen der amerikanischen Gesellschaft«. John J. Tarrant, der Autor des grundlegenden Buchs über Drucker und sein Werk, bezeichnet ihn als den »Mann, der die korporative Gesellschaft erfunden hat«. Für Vorträge wird Drucker als »Mr. Management, unser einflußreichster Management-Berater« angekündigt. C. Northcote Parkinson (berühmt durch *Parkinson's Law)* hat ihn mit den folgenden Worten beschrieben: »Drucker ist genau das Gegenteil der dynamischen und aggressiven Führungskraft. Hätte er Erfolg in amerikanischem Stil haben wollen, hätte er eine Gesellschaft gebildet, Peter Drucker Inc., mit fünf Direktoren und hundert Beratern. Er wäre ein

Rivale von McKinsey, eine Bedrohung für Booz Allen und vielleicht der Tod von Cresap McCormick gewesen. Er würde im Jahr $ 10 Millionen an Honoraren einnehmen, seine Firma irgendwann in eine Aktiengesellschaft umwandeln und seine Aktien für ein Vermögen verkaufen. Für einen echten Geschäftsmann wäre das die richtige Politik gewesen.«

Manche jüngere Management-Berater würdigen zwar Druckers Leistungen, kritisieren ihn aber, weil er in diesen unsicheren Zeiten einfach zu sicher erscheint. Von den New Yorker Berater William P. Dunk hört sich das so an: »Drucker hat dem Großunternehmen und dem Konzept des Managements die legitime Bedeutung verliehen, und er hat das Marketing als die zentrale Funktion einer Gesellschaft identifiziert. Er stellt oft holistische Behauptungen auf und läßt sie nicht wie Hypothesen, sondern wie feststehende Tatsachen erscheinen. Der Begriff des Großunternehmens, wie er ihn definierte, könnte möglicherweise für eine moderne Gesellschaft keine Gültigkeit haben. Ein Problem dabei könnte sein, daß dieses Unternehmen eine vertikale Organisation in einer Gesellschaft ist, die zu horizontalen Anordnungen neigt. Für mich ist eine der bohrenden Fragen, ob das Großunternehmen in der Gesellschaft politisch überleben kann. Die Indikatoren funktionieren nicht mehr, und niemand kann sich ein klares Bild machen. Es könnte für uns Zeit sein, zu dem Schluß zu kommen, daß vor ungefähr 15 Jahren ei-

ne grundlegende Veränderung in der Wirtschaftsgeschichte eingetreten ist, und daß deshalb niemand mehr versteht, was vor sich geht. Es gibt Zeiten, in denen wir einen Jaspers oder Heidegger
brauchen, um sich mit dem Thema des nicht Wiß-
baren auseinanderzusetzen. Für mich ist die zentrale Frage, ob Druckers grundsätzliche Vorausset-
zungen unlösbar mit der Periode von phänomena-
lem Wachstum verknüpft sind, die Ende der 1960er
Jahre zu Ende ging.«

Drucker hat sich selbst immer einfach als
»Schriftsteller (beschrieben), weil ich dann nichts
mehr zu erklären brauche.« Seine mehr als 20 Bücher sind in mehr als ein Dutzend Sprachen übersetzt und in 6 Millionen Exemplaren verkauft worden. Einige der Titel sind: *The New Society* (Gesellschaft am Fließband); *The Age of Discontinuity*
(Die Zukunft bewältigen); *Towards the New Eco-
nomics* (Auf dem Weg zu einer neuen Wirtschaftswissenschaft); *Adventures of a Bystander* (Zaungast der Zeit); *Landmarks of Tomorrow* (Das Fun-
dament für Morgen); *The Practise of Management*
(Die Praxis des Management); *Concept of the Corporation* (Das Großunternehmen) und *The Effecti-
ve Executive* (Die ideale Führungskraft). Im letzten
Jahr veröffentlichte er seinen ersten Roman *The
Last of all Possible Worlds* (Die letzte aller möglichen Welten). Er ist eine Art historische Ballade,
teils Beweinung, teils Ruhmesgesang der Welt zur
Jahrhundertwende. Das Werk wurde nicht mit
donnerndem Applaus begrüßt. Herbert Mitgang

beschrieb es in der *New York Times* als »Wiener
Torte, eine unbeabsichtigte Parodie der Kostüm-
Melodramen, die talentierte Flüchtlinge aus dem
Kaiserreich Österreich-Ungarn in den frühen Tagen von Hollywood gedreht haben.« Drucker sagt,
er habe den Roman geschrieben, »weil es mir Spaß
machte, ihn zu schreiben. Ich habe viele Jahre mit
den Charakteren gelebt. Ich betrachte den Roman
als die letzte Prüfung für einen Autor. Ich bin ein
kompetenter Romanautor, aber ich weiß recht gut,
daß ich kein großer Romancier bin.«
Während wir einen Hang hinuntergehen, sagt
Drucker zu mir, die Regierung Reagan habe nur die
»leichten« Sparmaßnahmen getroffen. Er ist offensichtlich nicht davon beeindruckt. Die Rhetorik
habe das Handeln weit überholt, sagt er, und er mache sich Sorgen, daß es nach der gegenwärtigen dra-
matischen Desinflation zu einer weiteren Infla-
tions-Epidemie kommen könnte. »Ich habe es in
Österreich erlebt, wie drei erstklassige Männer die
Inflation aufzuhalten versucht haben«, sagt er.
»Der erste war mein Vater (Adolph, ein führender
liberaler Regierungsbeamter, der die berühmten
Salzburger Festspiele begründet hat). Der zweite
war der engste Freund meines Vaters, und der dritte war Joseph Schumpeter, der größte Wirtschaftswissenschaftler Europas. Sie sind alle gescheitert.
Sie waren alle Wirtschaftswissenschaftler, aber sie
hatten entweder nicht den politischen Willen oder
nicht die politische Macht. Dann kam ein Priester,
ein Professor für Moraltheologie (Ignaz Seipel,

österreichischer Kanzler 1922–24 und 1926–29).Da es ihm volkswirtschaftlich an Sachkenntnis fehlte, war er bereit, den einzigen Weg zu nehmen, der ihm offenstand. Er drehte nur von einem Tag zum anderen den Ausgabenhahn zu, und die Inflation war vorbei. Punkt. Er wurde neun Monate später mit der größten Mehrheit wiedergewählt, die jemals irgendjemand für sich verbuchen konnte. Das ist aber erst dann machbar, wenn die Beendigung der Inflation die erste Priorität des Volkes ist.

Ökonomen lernen einfach nicht sehr leicht. Ich habe eigentlich nie wirklich an die Ökonomie geglaubt. Zunächst einmal basiert die Ökonomie auf der Voraussetzung, daß es einen autonomen ökonomischen Bereich gibt, der von dem Rest der Menschheit losgelöst ist. Das erscheint mir sehr zweifelhaft. Hört man auf, das zu glauben, hört man sehr schnell auf, ein Ökonom zu sein. Zweitens glaube ich nicht an die Behauptung der Ökonomen, ihr Bereich sei eine Wissenschaft. Zumindest noch nicht.«

Drucker bleibt stehen, um eine weitere Gruppe von Kakteen zu betrachten. »Herrliche Farben«, sagt er, und dann weiter: »Wir laufen zur Zeit Gefahr, das Morgen auf dem Altar des Gestern zu opfern, wie die Engländer das getan haben. Fast jeder bedeutende technologische Fortschritt der letzten dreißig Jahre – Antibiotika, Radar, das Düsentriebwerk – war das Ergebnis einer englischen Erfindung oder Entwicklung. Sie waren jedoch nie in der

Lage, daraus das volle Kapital zu schlagen, und zwar nicht wegen mangelndem Geschick im Marketing, sondern weil in der englischen Wirtschaftspolitik beharrlich sowohl Kapital als auch menschliche Arbeitskraft nicht für morgen verwendet wurden, sondern in die Vergangenheit geschoben wurden. Beides wurde massiv in der Stahlindustrie eingesetzt, obwohl diese ungefähr seit dem Ende des 1. Weltkriegs in keinem einzigen entwickelten Land eine Wachstumsindustrie war. Um diese Zeit ist nämlich der Stahlverbrauch zum letzten Mal schneller gewachsen als das Bruttosozialprodukt oder die Bevölkerung, wie allgemein eine Wachstumsindustrie definiert wird. In England hat man nicht nur Stahl, sondern auch Kohle und Textilien gestützt und sich damit vor allem auf überalterte Industriezweige konzentriert. Das ist auch heute die große Gefahr.

Wir haben heute zwei parallele Wirtschaften: eine wachsende Wirtschaft, die um Information organisiert ist und trotz zyklischer Schwankungen in ihrem Wachstum keiner anderen Wirtschaft nachsteht; und die Wachstumswirtschaft der 1920er Jahre (Autos, Stahl, Verbraucherelektronik), die vor allem auf Fließbandarbeit beruht. Niemand scheint sich daran zu erinnern, daß die große Zeit der Verbraucherelektronik die der 20er Jahre war, als die RCA-Aktien zu den heißbegehrtesten an der Börse gehörten. Die scharfsichtigeren Japaner wissen, daß es langfristig keine gute Politik ist, sich auf diese Bereiche zu konzentrieren, und sie sind zu Recht besorgt. Es ist taktisch unklug, sich einen immer größeren Anteil eines schrumpfenden Markts zu erobern, aber genau das tun sie in der Auto-, Stahl- und Verbraucherelektronik-Industrie. Das läßt sich nur durch eine ständige Verkleinerung der Profitmarge bewerkstelligen. Das ist für Japan ein Problem, denn in den Industrien von morgen waren die Japaner bisher nicht sehr erfolgreich – in der Datenverarbeitung, Information und dem Gesundheitswesen. Die meisten Versuche, die auf diesen Bereichen unternommen worden sind, sind gescheitert.«

Drucker und seine Frau Doris, eine Technische Beraterin und Expertin für Instrumenten-Design, leben in einem bequemen Haus mit acht Zimmern, das man als typisch californisch bezeichnen könnte und das Drucker alltäglich nennt. Es hat nur einen bescheidenen Swimming Pool und dient den Druckers, die fast jeden Morgen um sieben Uhr früh schon an der Arbeit sind, zugleich als Büro und als Wohnung. Sie haben vier Kinder und fünf Enkel, und ihr Leben dreht sich um Arbeit und Reisen.

Für Unternehmensberatung, was früher Druckers hauptsächlicher Tätigkeitsbereich war, verwendet er nur 30 bis 40 Tage pro Jahr. Er verbringt 30 bis 40 Tage mit kostenloser Beratung von Krankenhäusern und anderer nicht wirtschaftlich orientierter Organisationen. Er besucht jährlich Europa und macht jedes Jahr eine Reise nach Japan, ein Land, in das er sich vor mehr als vierzig Jahren verliebte und wo er nicht nur im Management, sondern auch in orientalischer Kunst eine weithin anerkannte Autorität ist. Im Juli zieht sich Drucker immer in seine Hütte in Estes Park in Colorado zurück, um nachzudenken und zu schreiben.

Die meisten seiner Klienten aus den großen Gesellschaften unternehmen eine Pilgerfahrt zu seinem Haus. Druckers Technik besteht darin, ihnen scheinbar fast alberne Fragen zu stellen. Er hört zu und bohrt nach. Dann liefert er seinen Klienten einen geschliffenen, auf die Persönlichkeit abgestimmten Bericht, der nur fünf, manchmal aber auch 50 Seiten lang sein kann. Er stellt keine Anleitungen für geschäftliche Strategien zusammen, und auch an der Entscheidungsfindung beteiligt er sich nicht. »Das ist ihre Aufgabe«, sagt Drucker. »Ich gehöre nur zeitweilig zum Management. Diejenigen, die von mir verlangt haben, ich solle ihre Entscheidungen treffen, haben einen Berater verloren.«

Seine Bedeutung wurde von Alan M. Kantrow in der *Harvard Business Review* (»Why Read Peter Drucker?« [Warum Peter Drucker lesen?], Jan./ Febr. 1980) so eingeschätzt: »Druckers wahrer Beitrag zu einem Verständnis von Management ist nicht so sehr der konkrete Marktwert seiner Ideen, sondern die exakte Tätigkeit des Gehirns, das sie hervorbringt. Man kann mehr lernen – und tiefere Einblicke gewinnen – wenn man seine gedanklichen Prozesse verfolgt, als wenn man den Inhalt seiner Gedanken prüft.«

Ich sitze in Druckers mit Büchergestellen vollgestelltem Arbeitszimmer, nippe Sherry und folge seinen gedanklichen Prozessen.

*Frage:* Sie haben es erlebt, wie ein hoher Prozentsatz Ihrer einst radikalen Konzepte akzeptiert wurde. Was aber war Ihr größter Fehlschlag?

*Drucker:* Mein augenfälligster Fehlschlag war, daß es so lange gedauert hat, bis man im Management so viele grundsätzliche Management-Prinzipien angenommen hat. Inzwischen drängt jeder auf Qualitäts-Zyklen, aber ich predige das schon seit 1946. Ich fordere schon seit 30 oder 35 Jahren, daß Beschäftigte als Aktiva benutzt werden – daß man ihnen Verantwortung gibt, um sie zu verantwortungsbewußten Beschäftigten zu machen. Sie werden aber noch immer als belastender Kostenfaktor betrachtet. In Japan hat man auf diesem Bereich mehr auf mich gehört als hier. Die Gebiete, auf denen ich hier einen Einfluß gehabt habe, sind für mich relativ unwichtig: zeitliche Planung, Messung der Effektivität des Managements, Einbau von Weiterbildung in den Arbeitsprozeß, zielgerichtetes Management, Anhebung des Bewußtseins im Management.

*FR:* Ist noch immer eine Katastrophe nötig, um eine Veränderung im Management auszulösen?

*DRU:* Für das amerikanische Management war eine Krise nötig, um ihm seine Aufgabe bewußt zu machen. Sie können sich nicht vorstellen, wie froh man im amerikanischen Management über die Gewerkschaften war, weil die ihm seine Arbeit abnahmen. Die Manager brauchten sich nur hinzu-

34

setzen und die Arbeiter den Gewerkschaften zu überlassen. Trotz aller Feindseligkeiten den Gewerkschaften gegenüber war man im Management im Grund froh darüber, daß sie da waren, weil man dadurch von der Verantwortung befreit wurde, die menschliche Arbeitskraft produktiver zu gestalten. Diese Mentalität existiert noch immer. Das kommt zum Teil daher, daß wir eine klassenlose Gesellschaft sind. In Japan stellen Arbeiter keine Bedrohung dar. Wenn sie keinen Abschluß von einer Universität haben, können sie ihr ganzes Leben lang nichts anderes als Arbeiter sein.

*FR:* Sehen Sie eine gesunde Veränderung in der Haltung der Gewerkschaften, die sich in ihren weit verbreiteten Rückzügen und einer neuen Bewußtmachung der Gefahren der Inflation reflektiert?

*DRU:* Es ist ein hoffnungsvolles Anzeichen. Es ist eine bedeutende Veränderung in der Bereitschaft der Bevölkerung eingetreten, die Tatsache zu akzeptieren, daß Regierungsdefizite und Inflation nicht gut für uns sind. Wir haben jedoch den Punkt noch nicht erreicht, daß jemand zu Opfern bereit ist. Die Rückzüge der Gewerkschaften sind der Ausfluß einer ungeheuren Schwäche. Im Grund liegt die Gewerkschaftsbewegung in diesem Land nicht im Sterben, sondern sie ist bereits tot. Auf dem privaten Sektor sind weniger Beschäftigte gewerkschaftlich organisiert als zu irgendeiner Zeit seit dem New Deal. Die gewerkschaftliche Organisierung ist auf diesem Bereich auf ungefähr 16 Prozent gefallen.

*FR:* Sie haben zwar die inzwischen äußerst erfolgreiche Bewegung für ein zielorientiertes Management ausgelöst, aber Sie scheinen nicht sonderlich von der Art erbaut zu sein, wie es eingesetzt wird. Können Sie die Entwicklung dieser Idee erklären?

*DRU:* MBO (Management *By* Objectives = Zielorientiertes Management) hat eine längere Geschichte, als die meisten glauben. Es wurde von DuPont zum erstenmal eingesetzt und von General Motors schon Mitte der 20er Jahre verwendet, obwohl damals noch nicht diese Bezeichnung benutzt wurde. Ich habe das Konzept kristallisiert und formuliert. Bei mir lag die Betonung auf den Zielen, nicht den Prozeduren. Ich stehe besonders dem Vorgehen bei den Behörden sehr kritisch gegenüber, weil man hier die Ziele zu kennen glaubt. Das ist jedoch nicht der Fall. Zielorientiertes Management und Selbstkontrolle gehen Hand in Hand. Was für Ziele gehalten wird, sind zum größten Teil nicht mehr als gute Absichten. Der Begriff »bessere gesundheitliche Versorgung« ist bedeutungslos, wenn man Prozeduren, aber keine Ziele betont. Ziele dürfen nicht mit Parolen verwechselt werden. Sie müssen realisierbar sein, um in eine spezifische Leistung, in Arbeit übertragen werden zu können. MBO ist nichts weiter als ein Werkzeug und nicht ein Allheilmittel für die Ineffizienz des Managements.

*FR:* Sie haben einmal gesagt, ein großer Schritt auf dem Weg zu neuen Zielen sei die Aufgabe der alten Ziele. Könnten Sie das erklären?

*DRU:* Der erste Schritt einer Wachstumsstrategie ist nicht die Entscheidung darüber, wo und wie Wachstum erreicht werden soll, sondern darüber, was aufgegeben werden muß. Wenn ein wirtschaftliches Wachstum erreicht werden soll, muß das Veraltete und Unproduktive aufgegeben werden. Die Grundlage einer Wachstums-Strategie ist die Freistellung von Resourcen für neue Pläne. Das heißt also, daß sie aus Produkten, Dienstleistungen, Märkten und Technologien abgezogen werden müssen, mit denen sich keine Resultate mehr erzielen lassen. Alle drei oder vier Jahre muß man sich also die Frage stellen: »Wenn wir dieses Produkt nicht schon herstellen oder diesen Markt nicht schon beliefern würden, würden wir dann nach dem, was wir jetzt darüber wissen, neu auf diesem Gebiet einsteigen?« Ist die Antwort darauf nein, so überlegt man sich nicht, ob man damit weitermachen soll, sondern: »Wie schnell kommen wir da heraus?« In großen Organisationen ist die größte Gefahr, daß Fett mit Muskeln und Beschäftigung mit Leistung verwechselt wird.

*FR:* Fällt man heute in der Wirtschaft mehr auf Management-Tricks herein?

*DRU:* Sagen Sie nicht »heute«. Das ist eine alte Gewohnheit. Wir lieben Allheilmittel, die schnelle Lösung, mit der sich alles von Mundgeruch bis zum Krebs kurieren läßt. Das hat in der amerikanischen Politik schon immer im Vordergrund gestanden, weil Allheilmittel dynamisch sind. Es lassen sich sofort viele Gruppen um sie herum bilden. In der Medizin war es doch genauso. Die moderne Medizin hat in dem Augenblick begonnen, als man aufhörte, nach dem Universalmittel zu suchen und sich stattdessen auf spezifische Heilmittel für spezifische Krankheiten konzentrierte. Für die schnelle Lösung muß immer ein Preis bezahlt werden.

*FR:* Da wir gerade von Heilmitteln reden, kann eine angebotsorientierte Wirtschaftspolitik hier Erfolg haben?

*DRU:* Nein. Selbst wenn das möglich wäre, haben wir nicht die Geduld, um darauf zu warten. Wir haben seit fünf Jahren einen ungeheuren Export-Boom, aber der Binnenwirtschaft geht es trotzdem nicht besser, weil wir nur die Steuern gesenkt haben, die leicht zu senken sind, und zwar grundsätzlich die für den Verbrauch. Wir brauchen jedoch unbedingt eine stärkere Kapitalbildung. Selbst wenn wir genug Geduld hätten, würde es fünf Jahre dauern, bis sich ein Erfolg einstellt. Sie können es mir glauben, die Vorstellung der Ökonomen der letzten 50 Jahre, es gäbe ein gezuckertes Heilmittel für alle unsere wirtschaftlichen Krankheiten, ist Kurpfuscherei.

*FR:* Es wird weithin behauptet, eine angebotsorientierte Wirtschaftspolitik sei bisher noch nicht wirklich versucht worden, aber haben nicht die Japaner eine ganz ähnliche Politik versucht?

*DRU:* Die Japaner haben die angebotsorientierte Wirtschaftspolitik *erfunden.* Sie haben ungefähr 20 Jahre lang das Wachstumspotential der Wirtschaft auf der Grundlage von Projektionen des

Wachstums von Bevölkerung und Produktivität kalkuliert. Die Steuern wurden ausreichend gesenkt, um das Wachstum finanzieren zu können. Jedes Jahr stiegen die Steuereinkünfte und glichen das Budget aus. Das hat bis 1975 alles funktioniert.

*FR:* Was ist dann geschehen?

*DRU:* Die Steuereinkünfte decken die Ausgaben nicht mehr ab. Die Lücke wird wie in den Vereinigten Staaten und Westeuropa immer größer.

*FR:* Es gibt zur Zeit im Westen viele, die anscheinend das japanische Modell zu kopieren versuchen, aber Sie scheinen zu spüren, daß Japan in ernsthaften Schwierigkeiten steckt.

*DRU:* Japanische Freunde haben mir gesagt, daß wir in vier oder fünf Jahren von der »japanischen Krankheit« sprechen werden, so wie wir früher von der »englischen Krankheit« und dann von der »amerikanischen Krankheit« gesprochen haben. Das Hauptübel in Japan ist nicht der Verteidigungsetat, der noch immer weniger als 1% des Bruttosozialprodukts ausmacht, oder die Transferleistungen. Es ist vielmehr die staatliche japanische Eisenbahn, die allein 18% des japanischen Budgets verschlingt. Jeder glaubt, die japanische Eisenbahn sei ein Erfolg, aber sie ist das schlimmste Pleite-Unternehmen, das man sich vorstellen kann. Sie verliert pro Fahrgast-Kilometer fünfmal so viel wie jede andere Eisenbahn. Personalmäßig ist sie grotesk überbesetzt, die Beziehungen zu den Arbeitern sind schlechter als in irgendeiner anderen Institution, die ich kenne, und die Fahrpreise sind 50% höher als bei den Privatbahnen. Sie hat praktisch keinen Güterverkehr; weniger als 8% des gesamten japanischen Güterverkehrs wird über sie abgewickelt, in den Vereinigten Staaten jedoch ungefähr 40%. Auch der Personenverkehr nimmt rapide ab. Als ich kürzlich mit einer Privatbahn nach Osaka fuhr, waren die Wagen gerammelt voll, die staatliche Bahn, die auf dem Parallelgeleise fuhr, dagegen war leer.

*FR:* Sie wollen doch nicht etwa sagen, daß das japanische Wunder vorbei ist, oder?

*DRU:* In seiner gesamten Geschichte hat Japan seine Fähigkeit unter Beweis gestellt, den Realitäten ins Gesicht zu sehen. Der Westen hat 75 Jahre lang die Japaner ständig unterschätzt. Es wäre sehr gefährlich, das wieder zu tun. Japan hat einen technologischen Apparat aufgebaut, der in der Weltwirtschaft noch nicht ansatzweise spürbar geworden ist. Seine große Stärke liegt in den Menschen, vom Hausmeister bis zum Firmenleiter. Diese Menschen sind der einzige wahre Rohstoff des Landes. Heute versucht jeder, Qualitätszyklen zu imitieren, die darauf abzielen, den Fließbandarbeiter von gestern produktiver zu machen. In meinen Seminaren in Japan aber wollen die meisten wissen, wie man den geistigen Arbeiter von morgen produktiver machen kann. Es scheint im japanischen Nationalcharakter etwas zu geben, was die schweren Entscheidungen begrüßt, die Opfer verlangen.

*FR:* Man sagt, eine der Hauptstärken Japans sei es,

daß dort die Wirtschaftsführer zuerst an ihr Land und erst dann an ihre Firma denken. Trifft das wirklich zu?

*DRU:* Man hat in der japanischen Wirtschaft gelernt, daß es die Aufgabe der Wirtschaft ist, sich genau zu überlegen, was im nationalen Interesse ist, bevor die eigene Politik ausgearbeitet werden kann. Eine Gruppe von 30 japanischen Wirtschaftsführern ist hierhergekommen, um zu prüfen, wie sich eine alternde Gesellschaft auf Japan auswirkt. Sie haben eine Woche mit mir verbracht. Ich stellte die Frage: »Welche wirtschaftspolitischen Strategien sind in Ihrem Interesse?« Ich wurde sofort von dem Vorsitzenden unterbrochen, der sagte: »Daran werde ich nicht einmal denken, bis wir durchdacht haben, welche wirtschaftspolitischen Strategien im nationalen Interesse sind.« Das ist eine sehr japanische Reaktion. Es ist nicht so, daß sie sich nicht für die eigenen Belange interessieren. Das tun sie in hohem Maße, aber an das Land denkt man immer zuerst. Die Skepsis der Regierung gegenüber aber wächst.

*FR:* Ihre Skepsis der Regierung gegenüber scheint fast angeboren. Oder haben Sie sich diese Haltung erst später erworben?

*DRU:* Ich habe die Überzeugung meiner Generation nie teilen können, daß man jedes Problem nur der Regierung in die Hand zu geben braucht, und die wird es dann lösen. Das kommt teilweise daher, daß ich der Nachkomme einer langen Reihe von hohen Beamten bin. Mein Vater glaubte fester an die Vervollkommnungsfähigkeit des Menschen als ich.

*FR:* Es ist heute in bestimmten Kreisen schick geworden, sich als neokonservativ zu beschreiben. Teilen Sie mit diesen Leuten gemeinsame Überzeugungen?

*DRU:* Die Neokonservativen sind in Wirklichkeit klassische Liberale. Ich bin ein Altkonservativer. Man muß in einer Gesellschaft die Dinge finden, die Stärke ausdrücken, und auf sie aufbauen. Ohne einen Sinn für die Geschichte kann man die Grenzen der sozialen Planung und Manipulation nicht abschätzen. Die Neokonservativen sind im Grund die ökonomischen Liberalen des 19. Jahrhunderts. Ich habe dagegen nichts einzuwenden, aber das sind sie nun einmal.

*FR:* Die meisten Klienten suchen Sie offensichtlich auf, damit Sie ihnen helfen, eine Schwäche zu korrigieren. Wie entscheiden Sie aber, ob Sie dafür der richtige Mann sind? Könnten Sie die Choreographie mit mir durchgehen?

*DRU:* Wenn Sie mich als Berater verpflichten wollen, essen wir vielleicht zusammen zu Mittag. Um Viertel vor eins verraten Sie mir schon alle möglichen Geheimnisse und geben vertrauliche Informationen weiter. Sie können sich nicht vorstellen, wie gesprächig Sie werden. Sie erzählen mir Dinge, die ich nicht wissen sollte, wenn ich nicht bereit bin, für Sie zu arbeiten. Nicht, weil ich ein Sieb bin. Ich bin wahrscheinlich weniger ein Sieb als Sie. Nachdem Sie sich aber eine oder zwei Stunden lang mit mir unterhalten haben und ich dann die Entscheidung treffe, daß ich für Sie nicht der richtige Mann bin, fühlen Sie sich verraten. Sie können sich nicht vorstellen, wie sauer Sie dann sind. Ich muß mich sehr schnell entscheiden. Jeder hält es für eine sehr schwierige Entscheidung, die nicht so schnell getroffen werden sollte. Es ist aber die leichteste Entscheidung der Welt. Berater hören sich mit ihrem inneren Ohr an, wie die Leute reden. Wenn Sie zu mir sagen: »Joe ist die beste Führungskraft, die wir haben, aber es ist unmöglich, mit ihm auszukommen, und deshalb müssen wir ihn entlassen«, dann kommen Sie für mich als Klient nicht in Frage. Wenn Sie aber sagen: »Joe ist ein unerträglicher Kerl, aber er ist die beste Führungskraft, die wir haben, und es ist meine Aufgabe, ihn effektiv zu machen und ihn vor den menschlichen Problemen zu schützen, mit denen er nicht fertig wird«, dann kann ich mit Ihnen arbeiten und Sie werden Resultate bekommen. Auch hier gilt, daß man nicht auf Schwächen, sondern nur auf Stärken aufbauen kann.

*FR:* Welche Gesellschaften haben heute nach Ihrer Einschätzung das beste Management?

*DRU:* Ich glaube nicht, daß es so etwas gibt wie eine Gesellschaft mit einem wirklich guten Management, weil es keine Universalgenies gibt. Leonardo da Vinci war das einzige, aber auch bei ihm ist nichts davon überliefert, daß er Flöte gespielt hat. Eine der wichtigsten Entscheidungen, die eine Firma treffen muß, ist die Entscheidung darüber, auf welchem Gebiet sie hervorragende Leistungen bringen will. Es gibt bestimmte Gesellschaften, die auf bestimmten Gebieten sehr stark sind. General Electric ist die Gesellschaft mit dem besten Finanz-Management der Welt. Marks & Spencer in London hat das klarste Konzept seiner Geschäftspolitik. IBM hat unglaubliche Fähigkeiten im Personal-Management. Wenn sich Gesellschaften aber fragen: »Wo stellen wir hervorragende Leistungen?«, sind sie wie die Menschen und geben sich den verblüffendsten Illusionen über sich selbst hin. Sie sehen Stärken, wo es keine gibt, und Schwächen, die nicht existieren. Meine Klienten schreiben sich auf, was sie ein Jahr später erwarten, und dann vergleichen sie ihre Erwartungen mit ihren Leistungen. Fast niemand sonst tut das. Man muß bei der Niederlegung der Ziele mit größter Sorgfalt vorgehen. Es gibt zwei Schlüssel-Bereiche: Personalentscheidungen und Entscheidungen über die Zuweisung von Kapital. In vielen Gesellschaften wird über Innovationen nur geredet, aber in Wirklichkeit gibt es sie nicht.

*FR:* Heute zählt Wirtschafts- und Betriebswissenschaft zu den populärsten Studiengebieten. Selbst ehemalige Radikale, die diesem Gebiet immer mit größter Ablehnung gegenübergestanden hatten, streben nun einen Universitätsabschluß darin an. Wird dieses gesteigerte Interesse die Qualität des Managements verbessern?

*DRU:* Ich ziehe ältere Kräfte vor, die schon gearbeitet haben und sich dann weiterbilden. Ich halte es für einen Fehler, direkt nach der Schule auf die Wirtschaftshochschule zu gehen. Wir wissen, daß Erlerntes, das nicht direkt in Arbeit umgesetzt wird, verschwendet ist. Hier haben wir all die jungen Leute, die Management lernen, es aber erst in zehn Jahren einsetzen können. Ich würde es für klüger halten, erst in der Mitte der beruflichen Karriere Management zu lernen.

*FR:* Sie haben zwar den größten Teil Ihres Lebens an Universitäten gelehrt, aber Sie werden trotzdem für einen Außenseiter gehalten. Trifft das zu?

*DRU:* Ich habe mehr als 50 Jahre lang gelehrt, aber ich habe nie wirklich zur Universität (Academia) gehört. Ich lehre gern. Ich lerne etwas nur dann, wenn ich es lehre. Der Universitätsbetrieb liegt mir aber nicht, und man ist mir immer mit Ablehnung gegenübergetreten, weil ich nichts von Spezialisierung halte. Man fängt mit der Französischen Revolution an, und man bleibt bei der Französischen Revolution. Diese Unterteilungen sind rein menschliche künstliche Produkte. Die Welt läßt sich nicht wirklich so aufteilen. Das ist eine Innovation, die es noch nicht lange gibt. Nach der Definition lernt ein gebildeter Mensch immer weiter. Im akademischen Bereich werden junge Leute in enge Bereiche eingepfercht. Fünfzehn Jahre später sind sie ausgebrannt.

*FR:* Schlimmer als eine mittelalterliche Führungskraft?

*DRU:* Der akademische Bereich ist weit rigider. Die meisten Leute in einer großen Gesellschaft mußten verschiedenartigen Herausforderungen begegnen. Der akademische Bereich, besonders aber das große Forschungsinstitut, ist weit rigider. Eine recht prominente Wirtschaftshistorikerin, die ich kenne, verlagert ihr Tätigkeitsfeld vom 10. ins 11. Jahrhundert, und ihre Kollegen sind sich keineswegs sicher, ob sie zu einem so radikalen Schritt ermutigt werden sollte. Ich sagte ihr, es sei an der Zeit, daß sie sich mit der Geschichte der Landwirtschaft und Technologie befassen sollte, ohne die man die Sozialgeschichte des 10. Jahrhunderts nicht verstehen kann. Sie sah mich an, als sei ich die Schlange im Paradies. Ein junges Mädchen, das ich kenne, ist direkt nach der Universität als Lehrerin an eine von deutschen Nonnen betriebene Mädchenschule in Osaka gegangen. Sie sollte dort Englisch lehren. Als sie ankam, sagte man ihr, die Pläne seien leicht geändert worden, und sie solle japanische Geschichte in Japanisch unterrichten. Das junge Mädchen sagte, sie sei mit der japanischen Geschichte nicht sehr vertraut, und ihr Japanisch sei sehr lückenhaft. Die Schwester Oberin sah sie an und sagte: »Mein Kind, sind Sie nicht jung genug, um lernen zu können?« Das ist die richtige Einstellung. Drei Jahre später sprach das junge Mädchen ausgezeichnet und flüssig Japanisch, wenn auch ein recht unanständiges, weil sie es eben von siebzehnjährigen gelernt hatte.

*FR:* Sie haben Angebote abgelehnt, Aufsichtsratsmitglied zu werden. Warum?

*DRU:* Ich halte eine Beteiligung an einem Aufsichtsrat für unvereinbar mit meiner Beratertätigkeit. Viele meiner Freunde denken darüber anders, aber meiner Ansicht nach gehört jemand, der einer Gesellschaft etwas verkaufen will, nicht in ihren Aufsichtsrat. Das gilt für den Anwald, den Bankier, den Börsenmakler und den Berater. Ehemalige Führungskräfte einer Gesellschaft im Ruhestand gehören ebensowenig in den Aufsichtsrat. Wenn ihre Erfahrung gebraucht wird, und das ist oft der Fall, können sie als Berater verpflichtet werden. Man kann sich aber nicht in den Ruhestand zurückziehen und dann seinen Nachfolger beaufsichtigen. Der Aufsichtsrat braucht Investoren, Angestellte und Kunden, und zwar nicht, weil sie repräsentieren, sondern weil die Institution sie braucht, damit sie die Außenwelt in das Gesichtsfeld des Managements bringen und Kommunikation mit einer aufgeteilten Öffentlichkeit liefern.

*FR:* Ist für Sie der leichte Wechsel von wirtschaftlichen Führungskräften in und aus Regierungsposten ein Anlaß für Besorgnis? Gibt es dabei einen grundsätzlichen Interessenkonflikt?

*DRU:* Ich würde im Gegenteil sogar gern mehr davon sehen, weil keine der beiden Seiten weiß, wie die andere arbeitet. Sicher gibt es immer Konflikte, aber man muß den Menschen vertrauen. Die Vorstellung, man könne Konflikte mit Gesetzen aus der Welt schaffen, ist noch so eine von den idiotischen Ideen der amerikanischen Rechtsanwälte, ein Erbe des Puritanismus'. Wer sich in einer Position von Macht, Einfluß und Autorität befindet, muß sich immer und immer wieder mit Konflikten auseinandersetzen. Eines der bedeutendsten Probleme der Vereinigten Staaten ist es, daß sie von Anfang an eine Nation von Anwälten waren. Anwälte glauben an die Beziehung zwischen Gegnern, und sie leben davon. Was die meisten Anwälte aber nicht wissen, ist, daß solche Beziehungen nur dann funktionieren, wenn man den Gegner nie wiederzusehen braucht.

*FR:* Immer mehr Firmen äußern sich zu sozialen und politischen Fragen, aber wird diese Bewegung der Stellungnahme der Gesellschaften nicht einen harten Gegenschlag von der Öffentlichkeit nach sich ziehen?

*DRU:* Vor zehn Jahren hieß die Parole in der Wirtschaft »Seid nett zu der Regierung«. Das ist für die Firmen nun nicht mehr möglich. Sicher wird es zu diesem Gegenschlag kommen, aber die Unternehmen sind zu groß, um sich verstecken zu können. Man kann einen Elefanten nicht unter dem Teppich verstecken. Ich bin zum Beispiel nicht unbedingt mit allem einverstanden, was Mobil getan hat. Man war dort für meinen Geschmack zu laut. Man hat aber zumindest das Schlachtfeld auf das eigene Gelände verlegt, und das ist der Beginn von Weisheit bei der Zurechtlegung einer Strategie.

*FR:* Wo sollten sich Steuersenkungen am deutlichsten auswirken?

*DRU:* Wir hätten die Gesellschafts-Einkommenssteuer für den Teil des Einkommens der Firmen abschaffen können, der mit dem Teil des Kapitals

48

korrespondiert, der für den Pensionsfond für die Beschäftigten festgelegt ist. Das ist Besteuerung der Beschäftigten. Ungefähr 50% des Anteilskapitals der *Fortune 500* ist für die Rentenfonds für die Beschäftigten festgelegt. Wir hätten das tun können. Der Plan ist schon lange da, und die Gewerkschaften haben sich dafür ausgesprochen, aber er wurde nicht ausgeführt. Wir hätten die steuerliche Benachteiligung der Verdiener zwischen 65 und 72 aufheben können. Wenn ihr Einkommen niedrig genug oder unauffällig genug ist, geben sie es einfach nicht an. Bei mir hat kürzlich ein Zimmermann einige Arbeiten durchgeführt, und als ich ihn fragte, ob er Bargeld oder einen Scheck wolle, sagte er, das sei ihm gleich, weil er den Scheck sowieso gleich beim nächsten Supermarkt ausgeben oder ihn sich auszahlen lassen würde.

*FR:* Wenn es tatsächlich zu einem Ende des festgelegten Ruhestandsalters kommen sollte, wer soll dann für all die alten Leute Arbeitsplätze beschaffen?

*DRU:* Eine der größten Herausforderungen, die auf uns zukommen, wird die Ermöglichung einer zweiten Karriere für mittelalterliche, hoch ausgebildete Arbeitskräfte sein, und das werden hauptsächlich die Arbeitgeber zu leisten haben. Die Arbeitgeber werden unter dem Druck stehen, Beschäftigte in ihrem frühen Mittelalter – Arbeiter, Buchhalter, Verkaufsmanager, Ingenieure, Assistenzprofessoren – zu entlassen, die nicht mehr als nur kompetent sind. Wenn die Arbeitgeber solchen

49

Leuten keine zweite Karriere anbieten können, werden sie feststellen, daß sie sie nicht alle loswerden können. Flexibles Ruhestandsalter wird die zentrale soziale Frage dieser Dekade sein, so wie das in den 60er Jahren die Beschäftigung von Minderheiten und in den 70er Jahren die Frauenrechte waren. Arbeitgeber, Gewerkschaften und die Regierung, die die Politik bestimmt, beachten dieses Problem ebensowenig wie die Beschäftigung von Minderheiten und die Rechte von Frauen in den 70er Jahren. Das Ende des festen Ruhestandsalters wird die zweite Karriere zu einer Routineangelegenheit werden lassen. Mehr Beschäftigte werden Mitte vierzig den Beruf wechseln, und dann noch einmal wenn sie Ende 60 oder Anfang 70 sind und Halbtagsstellen annehmen.

*FR:* Was sagen Sie zu der Tatsache, daß immer mehr Frauen eine Karriere im Management wählen?

*DRU:* Wir erleben heute ein neues Experiment in der Menschheitsgeschichte, und man kann nicht von Erfolg sprechen, bis es etwa 100 Jahre funktioniert hat. Man muß das alles im historischen Kontext sehen, und deshalb ist es noch ein Experiment. Frauen haben aber immer schon gearbeitet. Die Vorstellung, daß Frauen nicht zu arbeiten brauchen, ist zum erstenmal in Charles Dickens' Roman *Harte Zeiten* aufgetaucht. Bis 1900 ist das zu einer realistischen Hoffnung geworden. Eleanor Roosevelt hat einige Wochen vor ihrem Tod die Hoffnung geäußert, daß bis 1980 in Amerika keine verheiratete Frau mehr zu arbeiten braucht. Lange war das ein großes Ziel der Liberalen.

*FR:* Was halten Sie als Autor von der Flut von Büchern mit Anleitungen zur Praxis der Betriebswirtschaft, die in diesen Tagen erscheinen?

*DRU:* Ich bin nicht prüde, aber Pornografie gehe ich sorgfältig aus dem Weg. Diese Bücher sind symptomatisch für Amerika in schlechten Zeiten. Während der Depression sind ähnliche Bücher erschienen, obwohl sie nicht so plump waren und sich nicht allein darauf konzentrierten, wie man reich werden kann. Man sollte aber Habgier nicht unterschätzen. In Deutschland verkaufen sich solche Machwerke besonders gut. Ich habe mir bereits den Titel für meinen größten Bestseller überlegt. Ich werde es »Wie mache ich beim Gebet Geld« nennen.

*FR:* Welche Rolle spielt Geld in Ihrem Leben?

*DRU:* Wir verfügen über die Mittel, alles zu tun, was wir tun wollen, aber wir sind in unseren Bedürfnissen recht bescheiden. Wir leben absichtlich so, wie ein normaler Universitätsprofessor leben würde. Wir geben keine Parties, und deshalb brauchen wir kein üppiges Haus. Manche meinen, wir sollten größere Autos fahren (er fährt einen Oldsmobile, seine Frau einen Ford Fiesta), aber mit unseren Autos kommen wir auch hin, wohin wir wollen. Einen Luxus erlaube ich mir: auf langen Reisen nehme ich die erste Klasse, weil ich leicht müde werde.

Druckers Außenseitertum – das Gefühl, das er

kurz nach Beginn unserer Unterhaltung ausdrück-
te – geht bis in seine Kindheit zurück. Er erinnert
sich noch daran, daß er, als er noch keine 14 war,
darum gebeten wurde, eine große Demonstration
von Jungsozialisten in Wien anzuführen. Als er eine riesige rote Fahne durch eine Hauptstraße trug,
überfielen ihn sofort Zweifel. Er drückte die rote
Fahne plötzlich einem jungen Medizinstudenten
in die Hand, der hinter ihm herging, und verließ die
Demonstration. »Als ich heimkam«, erinnert er
sich, »habe ich mir zum erstenmal mit meinem eigenen Schlüssel aufgeschlossen. Meine Eltern hatten mich erst am späten Nachmittag zurückerwar-
tet und waren besorgt. Sie fragten mich, ob es mir
nicht gut ginge. Ich sagte ihnen, mir sei es nie in
meinem Leben besser gegangen. Ich habe einfach
nur festgestellt, daß ich nicht dazugehöre.«
Nachdem er 1927 mit 18 an dem Gymnasium in
Wien sein Abitur abgelegt hatte, ging er nach
Deutschland. Dort arbeitete er zuerst in Hamburg
bei einer Export-Firma und dann als Börsenberater
für eine Bank in Frankfurt. Nachdem er durch den
Börsenkrach von 1929 seine Stelle an der Bank verloren hatte, arbeitete er als Journalist für den Fi-
nanzteil einer lokalen Frankfurter Zeitung und
wurde zwei Jahre später zum Redakteur auf diesem
Gebiet ernannt. 1931, während er noch als Journalist tätig war, erhielt er von der Universität Frankfurt, wo er auch lehrte, den Doktortitel in interna-
tionalem und öffentlichem Recht.
1932, als die Nazis immer stärker wurden, schrieb

Drucker ein kleines Buch von 32 Seiten, mit dem er, wie er sagt, »es den Nazis unmöglich machen wollte, jemals etwas mit mir zu tun zu haben.« Er untersuchte darin das Leben und den Einfluß von Friedrich Julius Stahl, des deutschen politischen Philosophen, der 1841 Hegels Nachfolger auf dem Lehrstuhl für Philosophie in Berlin wurde. Stahl, ein Jude, der zum deutschen Protestantismus konvertierte, war den Nazis verhaßt. Druckers Familie stammt aus Holland und war dort im 16. und 17. Jahrhundert als Drucker (daher der Name) von religiösen Büchern tätig.

Einige Wochen nach der Machtergreifung Hitlers im Januar 1933 fand an der Universität die erste von den Nazis geleitete Fakultätsversammlung statt. Drucker erinnert sich: »Frankfurt war die erste Universität, die die Nazis übernahmen, weil sie von allen bedeutenden deutschen Universitäten in ihrer Liberalität am selbstsichersten war und sich stolz zu ihrer Treue zur Wissenschaft, Gedankenfreiheit und Demokratie bekannte.«

Der neue Kreisleiter Frankfurts verkündete dem wie vom Donner gerührten Lehrkörper, daß ab dem 15. März keine Juden mehr auf dem Universitätsgelände erlaubt wären und sie ohne Gehalt entlassen würden. Für »rassisch reine Wissenschaft« dagegen, so sagte er weiter, sei reichlich Geld vorhanden. Drucker erinnert sich: »Einige Professoren hatten den Mut, zusammen mit ihren jüdischen Kollegen hinauszugehen. Die meisten aber hielten einen sicheren Abstand von diesen Männern, die noch wenige Stunden zuvor ihre engen Freunde gewesen waren. Ich ging zutiefst angeekelt hinaus und wußte, daß ich Deutschland innerhalb von 48 Stunden verlassen würde.«

Er ging von der Versammlung nach Hause und arbeitete bis spät in die Nacht an den Druckfahnen seines Buchs über Stahl. Am nächsten Tag verließ er Deutschland. (Sein Buch wurde im April veröffentlicht. Es wurde sofort verboten und öffentlich verbrannt.)

Drucker kehrte zunächst nach Wien zurück, wo er einige Wochen mit seiner Familie verbrachte. Dann reiste er nach London, wo er durch Vermittlung seiner Familie eine Stelle als Wirtschaftsberater bei einer Londoner Bank bekam, die während des 1. Weltkriegs von drei deutschen Börsenmaklern gegründet worden war. Er blieb dort drei Jahre, und man versprach ihm eine Partnerschaft an der Bank, aber er war nicht glücklich. Dazu Drucker: »Man sagte mir, ich würde in dieser Privatbank hervorragende Leistungen bringen, und so, wie man mich behandelte und bezahlte, schien das auch zu stimmen, aber die Arbeit hat mir nie Spaß gemacht.«

1937 kam er als Auslandskorrespondent von vier englischen und schottischen Zeitungen sowie als Berater von englischen Banken in die Vereinigten Staaten. Er wurde außerdem schnell ein vielbeschäftigter Autor in Zeitschriften – in *Harper's*, *Fortune* und der *Saturday Evening Post*.

In seinem ersten umfassenden Buch *The End of*

*Economic Man* (Das Ende des Homo Economicus) (1939) untersuchte er den Aufstieg des Nationalsozialismus aus dem Zusammenbruch einer alten Ordnung. Drucker betonte darin besonders das Bedürfnis nach neuen sozialen und wirtschaftlichen Institutionen. Das Buch wurde unter anderem von Winston Churchill sehr gelobt und markierte den Beginn einer eigenartigen, wechselhaften Beziehung zu Henry Luce. Luce schickte eine Mitteilung an Drucker und sagte ihm, er habe sein Buch gelesen, sei davon beeindruckt und wolle ihn treffen. Drucker sagt, Luce habe ihm eine Stelle als Redakteur für Auslandsnachrichten im *Time Magazine* angeboten. »Eine bessere Stellung konnte sich ein junger Autor kaum erhoffen. Die Bezahlung war außergewöhnlich gut. Die Gehälter der leitenden Angestellten von Luce waren in jenen Tagen der Depression fast ein Skandal.«

Drucker behauptet jedoch, er sei wegen seines Buchs von einflußreichen Herausgebern des *Time Magazine* auf die schwarze Liste gesetzt worden. Er beschreibt diese Periode in *Adventures of a Bystander* (Zaungast der Zeit) (1978): »Als ich in *The End of Economic Man* voraussagte, Hitler und Stalin würden ein Bündnis abschließen, schrieb man das Frühjahr 1939 und der Pakt zwischen Hitler und Stalin lag noch sechs Monate in der Zukunft. Ich wurde sofort zum Feind der Kommunisten und ihrer Sympathisanten. Im *Daily Worker* wurde in einem langen Artikel über mich ›bewiesen‹, daß es keine Person namens Peter Drucker gab und daß das ein Pseudonym sei, hinter dem sich ein sinistres Duo verbarg, das sich aus einem hohen Nazi-Funktionär und einem hohen Beamten aus dem State Department in Washington zusammensetzte.« Drucker beriet Luce zwar in verschiedenen Projekten und arbeitete sogar kurz für ihn für eine Sonderausgabe von *Fortune*, aber die beiden kamen nie miteinander aus. Drucker sagt heute, er sei im nachhinein froh darüber. »Wenn ich für Luce gearbeitet hätte, so hätte mich das vernichtet oder zumindest gelähmt. Luce stellte eine Menge hochbegabter Leute für *Time*, *Life* und *Fortune* an, und fast niemand von ihnen produzierte danach in seinem ganzen Leben noch etwas – auch dann nicht, als sie nicht mehr bei Luce beschäftigt waren. Luce erstickte sie mit Liebe, indem er ihnen zuviel bezahlte und sie verwöhnte. Ich bezweifle es, ob ich damals die Kraft und Reife besessen hätte, um mich dem widersetzen zu können.«

1942 veröffentlichte er *The Future of Industrial Man* (Die Zukunft der Industrie-Gesellschaft), ein Buch, in dem er die Form einer neuen industriellen Gesellschaft mit dem Wirtschafts-Unternehmen als Mittelpunkt umreißt. Drucker betrachtete das Groß-Unternehmen nicht nur als wirtschaftlich, sondern auch als soziale Einheit. Hier zeigte sich zum ersten Mal Druckers Interesse am Management und seine Forderung, daß Betriebe nicht nur zu ihrem eigenen, sondern zum allgemeinen Nutzen geführt werden sollten, von der er nie abgewichen ist.

Drucker hatte inzwischen eine Stelle an der Frauen-Universität Bennington in Vermont angenommen und lehrte Geschichte, Politik, Philosophie und Religion. Er war jedoch zugleich fest entschlossen, ein großes, erfolgreiches Unternehmen von innen kennenzulernen, um sich über ihre Funktion zu informieren. Er versuchte, verschiedene große Firmen an einem solchen Projekt zu interessieren, wurde aber abgewiesen.

Doch dann erhielt er 1943 aus heiterem Himmel einen Anruf von Paul Garrett, dem Public Relations-Leiter von General Motors. Garrett sagte ihm, Donaldson Brown, der Vizepräsident von GM habe *The Future of Industrial Man* gelesen und ließe fragen, ob Drucker daran interessiert sei, GMs Struktur und Politik zu untersuchen. Es klang fast zu schön, um wahr zu sein.

Ursprünglich sollte das Projekt eine private Studie sein, die nur das oberste Management von GM zu Gesicht bekommen würde. »Ich weiß bis heute nicht«, erinnert sich Drucker, »wie es überhaupt dazu kam, weil bei GM niemand zugeben wollte, daß die Idee von ihm stammte. Sie wollten, daß ich zu ihnen kommen und GM von innen untersuchen sollte. Von einem Buch war nicht die Rede. Meine Studie war ausschließlich für den internen Gebrauch vorgesehen. Ich besichtigte den Betrieb und sagte Brown, ich könnte seinen Wunsch nicht erfüllen, weil niemand bereit war, mit mir zu reden. Wenn ich aber ein Buch schreiben würde, würden die Leute meine Fragen beantworten. Brown rief mich eine Woche später zurück und sagte, ich solle eben ein Buch schreiben, wenn es nicht anders zu machen wäre. Ich warnte ihn jedoch, ich würde eine Menge kritische und vertrauliche Dinge hören, wenn ich zwei Jahre lang in der Firma herumstreifen würde, und wer für diesen Aspekt zuständig sein werde. Er sagt, er hielte nichts von Zensur. ›Da wir ein rüstungswichtiger Betrieb sind, gibt es natürlich eine Menge Dinge, die wir Sie nicht veröffentlichen lassen können, aber davon abgesehen haben Sie meine Erlaubnis.‹ Ich brauchte für das Buch etwas über zwei Jahre. Brown und mein Verleger (John Day Books) glaubten, niemand wollte so eine Art Buch lesen. Als ich das Manuskript eingeschickt hatte, wurde Brown unter ungeheuren Druck gesetzt, dieses oder jenes zu streichen, aber er lehnte das ab. Er war aber trotzdem nicht zufrieden mit dem Buch, weil ich manche Praktiken von GM kritisiert hatte.«

Drucker selbst zweifelte daran, daß das Buch ein Verkaufserfolg werden würde, obwohl es der erste detaillierte Bericht über die Funktion einer großen Gesellschaft war. »Damals gab es nicht einmal ein Manager-Publikum, das sich für ein Buch über Management interessieren könnte. Die meisten Manager waren sich nicht darüber klar, daß das, was sie praktizierten, Management war. Die breite Öffentlichkeit interessierte sich zwar sehr dafür, wie die Reichen ihr Geld verdienten, aber von Management hatte man noch nie etwas gehört.«

Das Buch erschien 1946 unter dem Titel *Concept*

*of a Corporation* (Das Groß-Unternehmen). Drukkers Prognosen erwiesen sich als falsch. In einer Kritik in der *American Political Science Review* hieß es zwar abschätzend: »Man kann nur hoffen, daß dieser vielversprechende junge Wissenschaftler seine erheblichen Talente bald einem seriösen Thema widmen wird.«, aber *Concept* wurde trotzdem zu einem Bestseller, und noch heute werden mehr als 20 000 Exemplare davon pro Jahr verkauft. Es untersuchte gesellschaftliches Verhalten auf so grundsätzlichen Gebieten wie Entwicklung des Managements, Beziehungen zu der Arbeiterschaft, den Kunden und der Öffentlichkeit. Vor allem aber etablierte es Management als fest umrissenen Bereich, der sowohl gelehrt als auch gelernt werden kann. Es wurde schon bald von Ford und anderen bedeutenden Firmen als organisatorisches Lehrbuch verwendet.

Bei seiner Beratertätigkeit hat Drucker dem geschriebenen Wort immer einen besonderen Platz eingeräumt. So paßte es recht gut, daß er seinen ersten Auftrag als Berater von einer Gruppe von Financiers erhielt, die um Investitionen für eine Anfang der 1940er Jahre von den Herausgebern des *Time Magazine* konzipierte New Yorker Tageszeitung gebeten worden waren. Drucker erinnert sich: »Ich wurde von einer Gruppe von Freunden konsultiert, die mir sagten, es sei mehr als genug Geld da. Ich sagte ihnen: ›Ich sehe nicht auf das Geld. Ich sehe mir die Redaktionspolitik an. Ohne sie ist Geld bedeutungslos.‹« Er kam zu folgendem

Schluß. »Die Redaktionspolitik mag vielleicht richtig sein, aber die Leute, die sie vorschlagen, sind nicht die richtigen, um sie auszuführen. Die Zeitung erschien unter dem Namen PM. Sie war sowohl redaktionell als auch finanziell ein völliger Fehlschlag.«

Einige Jahre später konsultierte ihn die gleiche Gruppe wieder. Diesesmal ging es um Investitionen für ein Magazin namens *Scientific American*. »Dieses Projekt erschien mir äußerst vielversprechend. Ich kenne eigentlich außer den frühen Zeitschriften von Luce kein Magazin, für das der Zeitpunkt so gut gewählt war, um die Bedürfnisse einer großen Leserschaft mit ihrem neuen Bewußtsein so gut abzudecken. Ich empfahl meinen Freunden, noch mehr Anteile des Magazins aufzukaufen, als ihnen angeboten worden war.« Wie allseits bekannt wurde *Scientific American* zu einem durchschlagenden Erfolg.

Wieder später wurde er von Henry Luce um eine Analyse von *Life* gebeten. Drucker kam zu dem Ergebnis, daß *Life* und andere thematisch breit gefächerte Magazine vom Fernsehen abgelöst werden würden. Drucker erinnert sich: »Luce engagierte mich 1955, um *Life* zu untersuchen. Es ging dem Magazin zwar besser als je zuvor, aber Luce hatte eine gute Nase und spürte, daß irgendetwas nicht stimmte. Auf den ersten Blick schien es *Life* zwar gut zu gehen, aber irgendetwas lief nicht richtig. Nach meiner Diagnose wurde durch das Fernsehen genau das veraltet, was *Life* vorher so erfolgreich gemacht hatte. Luce hatte in *Life* im Grund die Sichtweise des Films projiziert. Das geschriebene Wort fungierte wie die Untertitel in einem Stummfilm. Das war zwar eine brillante Taktik, aber das Fernsehen kann das besser. *Life* konnte seine führende Rolle nur dadurch wieder erringen, daß es sich von einem Photomagazin mit Bildunterschriften zu einem geschriebenen Magazin mit Illustrationen verwandelte, und das war höchstwahrscheinlich weder machbar, noch würde es Erfolg damit haben. Es ist mir aber nicht gelungen, die Herausgeber dazu zu bringen, auf mich zu hören. *Life* wurde im Dezember 1972 eingestellt.«

In Druckers nächstem Buch wird es um »Langlebigkeit und andere Probleme des Erfolgs« gehen, wie er sagt. (Er hat aber sein Tätigkeitsfeld auch auf Filme ausgeweitet, und vom *Bureau of National Affairs, Inc.* wird schon seit vielen Jahren als Teil seines Management-Ausbildungsprogramms Drucker und seine Gedanken über Filme und Videokassetten angeboten.)

Er sagt, über Kritiker mache er sich nicht allzu viel Gedanken. Wer schreibt, sagt er, entblößt sich und fordert damit den Angriff geradezu heraus.

Als ich das Haus verlasse, bitte ich ihn um eine Charakterisierung seiner Person heute. Er betrachtet bewundernd einen der stämmigen Zitronenbäume in seinem Vorgarten und sagt: »Henry Adams nannte sich zum Schluß einen konservativen, christlichen Anarchisten. Dem nähere auch ich mich.«

# Druckers Anatomie

*(Concepts Vol. 6, Nr. 4 1982)*

*CONCEPTS:* Können Sie uns zunächst Ihre Definition von Büro-Automation nennen?
*DRU:* Es ist die Integration des Umgangs mit Information und ihre Analyse. Das Wort »Automation« mag ich allerdings nicht, weil mit ihm der Schwerpunkt auf Maschinen gelegt wird. Ich glaube, worüber wir wirklich sprechen, ist der Aufbau von Arbeit um Informationsfluß und die Kontrolle dieser Arbeit durch Rückkoppelung anderer Informationen. Der Computer folgt der Anwendung dieser Logik.
*CONC:* Das ist aber ein neues Phänomen. Im 19. Jahrhundert haben wir Menschen an ihren Arbeitsplatz transportiert – zu der Fabrik. Im 20. Jahrhundert transportieren wir Informationen zu den Menschen. Warum geschieht das Ihrer Meinung nach?
*DRU:* Wir haben erst in der zweiten Hälfte des 19. Jahrhunderts die Fähigkeit erworben, Menschen zu transportieren. Zuerst kamen die Städte mit den Fabriken an ihrem Rand. In diesem Jahr-

hundert – und besonders nach dem 1. Weltkrieg – wurde das Konzept des Stadtkerns als ökonomisches Zentrum entwickelt. Der Anfang davon war vielleicht das Woolworth-Gebäude in New York – der erste Wolkenkratzer. Wir mußten dann Menschen manchmal weite Strecken transportieren, weil wir es eigentlich noch nicht verstanden, mit Informationen umzugehen und sie zu transportieren. Wir haben in jüngerer Zeit die Fähigkeit erworben, Ideen und Informationen zu transportieren. Dafür ist kein Platz, kein Pendlerverkehr, kein Verkehrsstau und kein japanisches Eisenbahnsystem nötig, in dem alle 20 Sekunden ein Zug fährt und die Menschen zweieinhalb Stunden lang aneinandergedrängt wie Ölsardinen stehen müssen, bis sie im Bahnhof von Tokio ankommen.

Es läßt sich meiner Meinung nach mit einiger Sicherheit voraussagen, daß der Wolkenkratzer, das auffälligste Symbol der modernen Industriegesellschaft, bis zum Jahr 2000 wie der Clipper im Schiffsverkehr verschwinden wird.

Ich halte es für so gut wie sicher, daß routinemäßige Büroarbeit nicht mehr in unglaublich teuren Räumen erledigt werden wird.

*CONC:* Heißt das, daß mehr zu Hause gearbeitet werden wird?

*DRU:* Ich glaube nicht, daß Heimarbeit ein weit verbreitetes Phänomen werden wird, obwohl wir das vor 30 Jahren vorausgesagt haben. Ich glaube, daß besonders Regierungen und große Firmen Büroräume in Satelliten einrichten werden. Die Vor-

städte werden dann nur noch aus zwei- bis drei-
stöckigen Häusern bestehen.

*CONC:* Warum werden die Menschen nicht zu
Hause arbeiten?

*DRU:* Weil die Bindung zum Arbeitsplatz für die
meisten Leute noch immer die wichtigste soziale
Bindung ist, und es für sie eine große Frustration
bedeutet, in der Isolation zu arbeiten. Man muß in
der Lage sein können, zu irgendjemand hinzugehen
und zu sagen: »Ich komme hiermit nicht klar. Hilf
mir.« Man braucht den Klatsch. Man braucht sogar
die Streitereien! Damit wird eine Gemeinsamkeit
aufgebaut.

*CONC:* Heute werden die Geräte von den Herstel-
lern in der Bedienung immer einfacher konstruiert,
so daß für ihre Bedienung nur eine minimale Ausbildung nötig ist. Sehen Sie hier nicht einen Widerspruch zu ihrer Forderung nach kontinuierlicher
Weiterführung der Ausbildung?

*DRU:* Man spricht hier von einer Steigerung des
Bedienungskomforts, und das ist eine Entwicklung, die ich durchaus begrüße. Wir sprechen aber
auch von »intelligenten Maschinen«, und das ist
meiner Meinung nach eine falsche Bezeichnung.
Je größer der Bedienungskomfort aber wird, desto
mehr Ausbildung wird notwendig sein. Die Leute
werden sich nämlich Sachkenntnis aneignen, die
sie dann erweitern werden wollen. Wir streben
heute den minimalen Ausbildungsstand für die je-
weilige Aufgabe an. Das wird aber aus dem einfachen Grund nicht lange so bleiben, weil das Poten-

tial der Geräte, das bereits jetzt vorhanden ist, so wenig genutzt wird. Wir haben es hier nicht mit einem Fließband zu tun, das das Potential der Arbeitskräfte einschränkt, sondern mit einer Technologie, die es herausfordert.

Sehen Sie, ich kann Ihnen wahrscheinlich in ungefähr zehn Minuten beibringen, wie man einen Splitter aus dem Finger zieht, nicht wahr?

*CONC:* Sicher.

*DRU:* Nun, das ist ein chirurgischer Eingriff.

*CONC:* Ein minimaler chirurgischer Eingriff.

*DRU:* Die chirurgische Ausbildung ist aber nicht kürzer oder einfacher geworden, sondern länger und anspruchsvoller. Sie stellt – wie die Automatisierung von Büromaschinen – Ansprüche an das Potential der Menschen. Sie ist das Gegenteil eines Fließbands.

Wenn man an einem Fließband seine Leistungen über einen bestimmten Punkt hinaus erweitert, wird man zur Bedrohung. Wer ein wenig besser und ein wenig schneller als der Nachbar arbeitet, wird zur Bedrohung, weil dadurch der Ablauf gestört wird. Die Automatisierung von Büromaschinen dagegen stellt eine Herausforderung für das Potential der Beschäftigten dar.

*CONC:* Wie wirkt sich das auf die Struktur des Managements in der Industrie aus?

*DRU:* Das Management wird heute zu einem Ungeheuer mit zwei Köpfen. Das Management in der Automobilindustrie wird immer mehr zu einem negativen Vorbild. Ein modernes Krankenhaus und eine moderne Industrie sind weit bessere Modelle für das Management von morgen. Lassen Sie mich das an einem Beispiel erläutern.

Vor vielen Jahren übernahm ich die Leitung einer kleinen Universität. Ich hatte so etwas vorher noch nie gemacht. Also ging ich zu einem klugen alten Mann und sagte: »Was muß ich wissen, um eine Universität zu leiten?« Er sagte: »Sie können eine Hochschule nicht mit dem Lehrkörper leiten, und Sie können sie nicht ohne den Lehrkörper leiten.« Das waren weise Worte. Man kann eine Universität nicht zusammen mit ihren Lehrern leiten, weil sie sich für die Universität nicht interessieren. Das sollten sie auch nicht. Ein Professor für Kunstgeschichte interessiert sich für Kunstgeschichte, aber für die Universität nicht im geringsten. Trotzdem kann man die Universität nicht ohne ihn und seine Kollegen leiten.

In einem Krankenhaus ist die Lage ganz ähnlich. Man kann es nicht mit den Ärzten leiten, und ohne die Ärzte auch nicht. Jeder Verwaltungsfachmann in einem Krankenhaus wird ihnen lange Geschichten über die Dummheit und den Egoismus der Mediziner erzählen. Sein nächster Satz aber wird lauten: »Wir haben die beste Urologie-Abteilung des Landes.«

In jedem Wirtschaftszweig, den ich kenne, außer vielleicht in der Automobilindustrie, sind die hoch ausgebildeten Verwaltungsfachleute den Managern zahlenmäßig weit überlegen. Daraus ergibt sich ein ernsthaftes Problem, weil die Beförderungsleiter noch immer zum Management führt. In den meisten Organisationen ist das noch immer die einzige Methode, eine etwas höhere Bezahlung zu erreichen. Wir ändern uns aber zur Zeit. Beim Militär hat man den Schritt schon getan. Ein Offizier hat jetzt seinen Dienstgrad, und dann bekommt er seinen Auftrag, und beides ist nicht das gleiche. Dieses Konzept tragen wir auch in die Industrie. Es wird immer mehr Angehörige des Managements geben, die als Manager nicht für irgendeine Person oder Personengruppe zuständig sind.

*CONC:* Sickert diese Veränderung der Hierarchie des Managements auch in die unteren Ebenen der Industrie durch?

*DRU:* Ja. Ich werde Ihnen ein hervorragendes Beispiel dafür nennen. Der Unterschied zwischen Büro und Produktionsabteilung wird bald verschwinden, weil die beiden Bereiche sich kaum mehr unterscheiden werden. Ist eine Masseuse, die mit ihren Händen arbeitet, deshalb eine Handarbeiterin? Nein. Sie ist eine Fachkraft, obwohl sie den Patienten mit ihren Händen massiert. Der Schlüssel dabei ist ihr Wissen, wo die Muskeln genau sind.

Der Unterschied zwischen Produktionsabteilung – mit Handarbeitern – und Büro – mit Fachkräften – gehört im Grund in das 19. Jahrhundert, und höchstwahrscheinlich wird er dieses Jahrhundert nicht überleben. Sowohl in der Produktionsabteilung als auch im Büro werden wahrscheinlich eine Menge Daten- und Informationsverarbeitungs-Geräte benutzt werden.

*CONC:* Wenn sich also die Struktur des Managements und die Funktionen von Produktion und Büro ändern, können Datenverarbeitungs-Geräte den
Übergang erleichtern?

*DRU:* Ja, weil Daten, also Informationen, nur dann
eine Bedeutung haben, wenn sie in Aktionen umgesetzt werden. Information besteht aus organi-
sierten Daten, aber sie ist noch keine Sachkenntnis. Sachkenntnis ist Information in Aktion. Manager werden sich besser darüber informieren müssen, wie sie Informationen einsetzen können. Sie
werden es zuerst lernen müssen, zu sagen: »Information ist mein Werkzeug. Sie ist mein Hilfsmittel. Meines.« Außerdem werden Manager nicht
mehr für Menschen zuständig sein, sondern im
Grund nur für Informationen. Wir haben uns vor
40 Jahren geirrt, als wir den Manager als eine Person definierten, der für die Arbeit von Menschen
verantwortlich ist. Er wird schnell zu einer Person,
die für die Anwendung von Wissen verantwortlich
ist.

*CONC:* Sie sagen, Manager müssen lernen. Sie
müssen in der Lage sein, zu sagen: »Information ist
mein Werkzeug.« Könnten Sie uns erläutern, was
Sie meinen, wenn Sie sagen, Manager müßten sich
besser darüber informieren, wie sie Informationen
einsetzen können?

*DRU:* Ich habe kürzlich mit einem Freund zu
Abend gegessen, der ein sehr großes Urlaubshotel
leitet. Er stürzt sich Hals über Kopf in hochentwik-
kelte Hardware, und es stehen ihm scheußliche

Zeiten bevor. Er hat nicht die leiseste Ahnung, was er tut, weil er glaubt, es sei seine Aufgabe, zu wissen, wie seine Geräte funktionieren. Das ist jedoch nicht sein Problem. Er weiß nicht, was er braucht, was die Rezeption braucht, was sein Personal braucht, und so weiter. Er hat keine Ahnung, daß sie Zeit brauchen werden, um das herauszubekommen und die Frage zu stellen: »Welche Informationen brauchen wir?« Diese Frage hat er noch nicht gestellt. Also stehen ihm die üblichen frustrierenden und schweren fünf Jahre bevor.

*CONC:* Ich durchschaue das Problem damit, was die Leute brauchen, nicht ganz. Wenn jemand zu mir sagt: »Wissen Sie, was Sie brauchen, um eine Aufgabe durchzuführen?« sage ich: »Ja, ich weiß genau, was ich brauche«, oder wenn ich das nicht ganz genau weiß, so habe ich doch vom Konzept her recht genaue Vorstellungen davon, welche Arten von Informationen ich brauche. Bin ich da so außergewöhnlich?

*DRU:* Angehörige von Organisationen wissen nicht wirklich, welche Informationen sie brauchen oder was sie mit ihnen anfangen sollen, weil sie das bisher nie nötig hatten. Es war schwer, an Informationen zu kommen. Meistens ging man nach Eingebungen, Gerüchten und dem vor, was die Sekretärin sagte. Heute aber kann man von Daten überwältigt werden, und dann hat man keine Ahnung, was man mit ihnen anfangen soll und wann sie in Informationen zu verwandeln sind. Das ist wie mit einem Kind in einem Süßwarenladen. Haben Sie schon einmal ein neunjähriges Kind in einem Supermarkt erlebt?

*CONC:* Ja, ich habe ein neunjähriges Kind.

*DRU:* Haben Sie es schon einmal in einem Supermarkt losgelassen?

*CONC:* Nein, das wäre eine Katastrophe.

*DRU:* So ergeht es den Managern.

*CONC:* Aber Manager sind doch sicher im Umgang mit Informationen keine neunjährigen Kinder.

*DRU:* Oh, wahrscheinlich sogar noch eher dreijährige Kinder. Das ist nicht eine Frage von Intelligenz, sondern von Erfahrung. Nehmen Sie einmal einen sehr brillanten Sherpa aus Nepal. Sind Sie schon einmal im Himalaya gewandert? Die Sherpas sind intellektuell unglaublich brillante Leute. Das müssen sie auch sein, um in dieser extrem unwirtlichen Umwelt überleben zu können. Die meisten von ihnen haben aber noch nie einen Zug, ein Flugzeug, einen elektrischen oder sonst irgendeinen Rasierapparat gesehen; sie leben noch im Bronzezeitalter. Nehmen Sie jetzt einen von ihnen und stellen Sie ihn mitten in die Stadt Boston. Er wüßte nicht, was um ihn herum vor sich geht, und zwar nicht, weil er dumm ist, sondern weil die Signale für ihn nichts bedeuten. Er kann nicht nur die U-Bahn-Schilder nicht lesen, sondern auch die U-Bahn selbst hat für ihn keine Bedeutung, selbst wenn er sie lesen könnte. Sie müssen also fragen:

»Was ist ein Manager?« Das ist eine interessante

Frage, denn wenn Sie ein Büro automatisieren, wird das unter anderem zur Folge haben, daß die Sekretärin eine Managerin wird, denn sie leitet einen Prozeß ein.

CONC: Und das bedeutet eine Herausforderung für ihr Potential?

DRU: Nicht nur für ihr Potential, sondern auch für ihre Beziehung zu ihrem Beruf. Sie werden feststellen, daß die Mehrheit der Sekretärinnen sich selbst nicht gern als wesentlich für eine Funktion statt für eine Person betrachten, wie die Situation gegenwärtig aussieht.

In Wirklichkeit übernehmen Sekretärinnen sehr große Aufgaben, in denen ihre Bedeutung wächst. Sie sind also praktisch dazu gezwungen, ihr Potential zu entwickeln, aber zugleich müssen sie ihre Tätigkeit so einrichten, daß sie nach Ergebnissen und nicht nach Status orientiert ist.

CONC: Könnten Sie sich etwas detaillierter über die Frage der Ausbildung, Fortbildung und Umschulung äußern?

DRU: Ich bin in der Tat davon überzeugt, daß eine ständige Fortbildung oder Umschulung unbedingt notwendig ist. Die Abstimmung von Geräten und menschlicher Organisation ist ein faszinierendes Problem, weil die Vorgehensweise hier nicht festgelegt ist.

Die alte Organisation aber, die sehr deutlich festgelegt ist und in der die Männer die Chefs und die Frauen die Sekretärinnen sind, muß aufgebrochen werden. Sie war bisher um zwei Hilfsmittel herum aufgebaut, das Telefon und die Schreibmaschine. Die Benutzung eines Telefons durch einen Mann wird zwar allgemein nicht als Entwürdigung betrachtet, aber die meisten Manager in unserer Kultur weigern sich, eine Schreibmaschine zu benutzen.

Diese Trennung der Geschlechter wird aber sicher schon in 20 Jahren der Vergangenheit angehören, weil sie zur modernen Technologie einfach nicht paßt. Schon heute nehmen viele junge Männer Stellen als Sekretäre an.

Haben Sie den Begriff »Herren-Fahrer« schon einmal gehört?

*CONC:* Nein.

*DRU:* Ein Herren-Fahrer war zu meiner Zeit ein Mann, der selbst seinen Wagen fuhr.

J. P. Morgan verklagte Rolls Royce wegen Verstoßes gegen die Anti-Trust-Gesetze. Der Grund für diese Anklage? Rolls Royce bestand darauf, daß niemand einen Rolls Royce kaufen konnte, wer nicht gleichzeitig auf Lebenszeit einen Chauffeur übernahm, der von Rolls Royce ausgebildet und ausgesucht worden war. J. P. Morgen bestand darauf, sich seinen Chauffeur selbst aussuchen zu dürfen. Daraufhin weigerte sich Rolls Royce, das Auto zu liefern und erstattete J. P. Morgan den Kaufpreis zurück, und der verklagte die Firma wegen Verstoßes gegen das Anti-Trust-Gesetz.

In dreißig Jahren wird der traditionelle Büroangestellte ebenso der Geschichte angehören wie der Herren-Fahrer, weil die Geräte in einem automati-

73

sierten Büro Werkzeuge für Manager sind. Jeder wird seine eigene Arbeit erledigen.

CONC: Sie haben ein faszinierendes Konzept von Information als Energie. Welchen Platz hat die Technologie in diesem Konzept? Spielt die Technologie eine ähnliche Rolle wie ein Öltanker oder ein Kohle-Container oder ein Stromkabel?

DRU: Alfred Russel Wallace, der zusammen mit Darwin die Evolution entdeckte, bezeichnete den Menschen als das einzige Lebewesen, das zu einer zielgerichteten Evolution fähig ist. Er stellt Werkzeuge her, und mit diesen Werkzeugen erweitert und verändert er seine Kapazität. Jahrtausende war die einzige Energie für diese Arbeit entweder zweibeinig oder vierbeinig. Meistens aber war sie zweibeinig, weil für ungezählte Jahrtausende die Frau des Bauern die hauptsächliche Energiequelle war. Es dauerte ungefähr bis zum Jahr 800, bis wir das Pferd effektiv eingesetzt haben, weil es vorher noch keine Kumme gab. Der Ochse ist eine sehr ineffektive Energiequelle, und für die meisten Aufgaben war die Frau des Bauern ihm überlegen.

Dann konnte der Westen eine Führungsposition einnehmen, weil die Benediktiner zwischen 800 und 1200 begannen, unbelebte Energiequellen zu benutzen – Wind und Wasser. Um 1700 stiegen wir auf fossile Brennstoffe um, die seitdem unsere Energiequelle geblieben sind.

Nun steigen wir auf Information um, die im physikalischen Sinn keine Energie ist. Informationsverarbeitung selbst wird aber immer mehr organisiert, so wie wir unser Leben und unsere Arbeit um fossile Brennstoffe organisiert haben. Der Prozeß wird nun um den Fluß der neuen Energie herum organisiert werden – Information und Inhalt der Information.

Jedesmal, wenn wir die Energie ändern, strukturieren wir den Prozeß drastisch um. Fragen Sie mich aber jetzt nicht, wie wir das tun werden. Wenn Sie sich aber zum Beispiel mit Leuten aus der zivilen Luftfahrt unterhalten, werden Sie feststellen, daß sie ihre Flugpläne nach den Informationen ausrichten, die sie von ihrer Buchungsabteilung bekommen, und nicht umgekehrt. Früher ging man umgekehrt vor: man stellte einen Flugplan auf, und die Passagiere buchten sich einen Platz darin. Heute werden die Flugpläne nach den Informationen über die konkreten Reisepläne der Fluggäste ständig geändert. Der Informationsfluß über die gewünschten Ziele bestimmt den Flugplan.

So kann man sich die allgemeine Anpassung an die neue Energie vorstellen.

*CONC:* Können Sie den Organisationen einen Rat geben, wie sie sich die Einführung der neuen Technologie, der neuen Energie erleichtern können?

*DRU:* Auf der einen Seite sollte man nicht jede neue Mode nachäffen. In Firmen folgt man sehr gern modischen Trends. Auf der anderen Seite sollte man sagen: »Wir sind bereit zu lernen.« Der größte Vorteil, den unsere japanischen Konkurrenten uns gegenüber haben, ist die japanische Lernbereitschaft auf allen Ebenen. In Japan erwartet man von dem Präsidenten einer großen Gesellschaft, daß er jede Woche an einer Ausbildungssitzung teilnimmt. Man geht dort nicht davon aus, daß Ausbildung nur für Untergebene in Frage kommt. Wir dagegen meinen, daß nur Kinder und Untergebene lernen brauchen.

Der beste Ratschlag für Erwachsene ist, zu lernen. Je mehr man weiß, desto mehr Weiterbildung braucht man.

# Was wir vom japanischen Management lernen können

*(Harvard Business Review, März/April 1971)*

1. Effektive Entscheidungen zu treffen.
2. Arbeitsplatzsicherung mit Flexibilität auf dem Bereich der Lohnkosten und Produktivität zu harmonisieren und dabei Veränderungen zu akzeptieren.
3. Junge Angestellte und Nachwuchs im Management zu fördern und weiterzuentwickeln.

Diese drei Forderungen gehören sicher in jedem Management zu den wichtigsten Zielsetzungen.

In jedem dieser drei Bereiche geht man im japanischen Management, und ganz besonders im geschäftlichen Management auffallend anders vor als im Westen, sei es nun in Europa oder Amerika. Die Japaner wenden andere Prinzipien an und haben zur Bewältigung dieser Probleme andere praktische und politische Ansätze entwickelt. Diese politischen Ansätze sind zwar nicht *der* Schlüssel des »japanischen Wirtschaftswunders«, aber sie waren auf jeden Fall wesentliche Faktoren für den erstaunlichen Aufstieg Japans in den letzten hundert Jahren, und besonders für das Wachstum und die

Leistungen der Wirtschaft Japans in den letzten zwanzig Jahren.

Es wäre töricht, wenn wir im Westen versuchen würden, diese Ansätze einfach zu imitieren. Es wäre sogar unmöglich. Jeder von ihnen ist tief in den Traditionen und der Kultur Japans verwurzelt, und mit jedem kommen für die Problembewältigung einer industriellen Gesellschaft und Wirtschaft Werte und Gewohnheiten zur Anwendung, die weit früher von den Untertanen der japanischen Clans und für sie sowie für ihre Beziehungen zu ihren Herren, die Zen-Priester in ihren Klöstern und die Kalligraphen und Maler der großen »Schulen« der japanischen Kunst entwickelt worden sind. Trotzdem verdienen die Prinzipien, die hinter diesen japanischen Gepflogenheiten stehen, meiner Ansicht nach eine genaue Prüfung durch die westlichen Manager. Sie könnten uns Lösungen unserer dringlichsten Probleme näherbringen.


I Was »Konsens« bedeutet


Wenn es einen Punkt gibt, in dem sich alle Japan-Fachleute, seien sie nun aus dem Westen oder aus Japan selbst, einig sind, so ist es der, daß in den japanischen Institutionen, und zwar sowohl in der Wirtschaft als auch in der Verwaltung, Entscheidungen durch »Konsens« getroffen werden. Die Japaner, so sagt man, diskutieren eine Entscheidung in der gesamten Organisation so lange, bis eine Übereinkunft erzielt worden ist, und erst dann wird die Entscheidung getroffen.

Wie jeder erfahrene Manager sagen wird, mag das in Japan noch so gut funktionieren, aber für uns kommt es nicht in Frage. Es kann nur zu Unentschiedenheit und Streiterei oder bestenfalls zu einem halbherzigen Kompromiß führen, der zwar niemand verletzt, aber keine Lösung bringt. Wenn dafür ein Beweis nötig ist, so findet er sich in der Geschichte von Präsident Johnsons Versuch, einen »Konsens« herbeizuführen.

Selbst die oberflächlichste Beschäftigung mit der japanischen Geschichte und die rudimentärsten Kenntnisse der japanischen Geschäftswelt und Verwaltung aber zeigen, daß in Japan das Gegenteil zutrifft. Was in der japanischen Geschichte und beim japanischen Management von heute besonders ins Auge fällt, ist die Fähigkeit, abrupte Kehrtwendungen zu vollziehen und radikale und offensichtlich äußerst strittige Entscheidungen zu fällen.

So war zum Beispiel kein Land offener für das Christentum als das Japan des 16. Jahrhunderts. Die portugiesischen Missionare hofften sogar, Japan würde das erste nicht-europäische christliche Land werden, und das war keineswegs reines Wunschdenken. Trotzdem vollzog das gleiche Japan im frühen 17. Jahrhundert eine Wendung um 180 Grad, unterdrückte innerhalb von wenigen Jahren das Christentum vollständig und iso-

lierte sich ebenso vollständig von allen ausländischen Einflüssen – ja, sogar von jeglichem Kontakt mit der Außenwelt – und das 250 Jahre lang.
Ungefähr 250 Jahre später machte Japan mit der
Meji-Restauration wieder eine solche Kehrtwende und öffnete sich dem Westen – wieder etwas,
was keinem außereuropäischen Land gelang.
Es gibt für dieses Verhalten jedoch auch Beispiele
aus der Wirtschafts- und Geschäftswelt von heute. Toyo Rayon, Japans größte Kunstseidefabrik,
stellte bis in die Mitte der 50er Jahre nichts als
Rayon, also Kunstseide her. Nach der Entscheidung, sich auf synthetische Fasern umzustellen,
wurde die Rayon-Produktion nicht allmählich
eingestellt, wie das jede westliche Gesellschaft
in einer ähnlichen Lage getan hat, sondern die
Rayon-Fabriken wurden von einem Tag auf den
anderen geschlossen, obwohl nach dem japanischen Beschäftigungssystem kein einziger Angestellter oder Arbeiter entlassen werden konnte.
Das Ministerium für Internationalen Handel
und Industrie (MITI) hat es noch 1966 kompromißlos jeder japanischen Firma verboten, sich
auf die multinationale Ebene auszubreiten und
für Tochterfirmen im Ausland zu investieren.
1969, also nur drei Jahre später, hatten die gleichen MITI-Beamten, die für die gleiche konservative Regierung arbeiteten, eine komplette
Kehrtwende vollzogen und setzten sich nun
energisch für japanische Auslandsinvestitionen
ein.

Die Erklärung für diesen scheinbaren Widerspruch ist, daß man im Westen etwas anderes als in Japan meint, wenn man von einer »Entscheidungsfindung« spricht. Bei uns im Westen liegt die Hauptbetonung auf der Antwort auf die Frage. So wird in allen unseren Büchern über »Entscheidungsfindungen« versucht, einen systematischen Ansatz auszuarbeiten, mit dem Antworten gefunden werden können. Für die Japaner dagegen ist das wesentliche Element der Entscheidungsfindung die Definition der Frage. Die wichtigen und entscheidenden Schritte werden hier auf dem Weg zu diesem Ziel getan, d. h. es muß zuerst entschieden werden, ob eine Entscheidung notwendig ist und worum es bei ihr geht, und während dieses Prozesses bemüht man sich in Japan, einen Konsens zu erreichen. Für den Japaner ist dies der wesentliche Teil der Entscheidung. Die Antwort auf die Frage – also das, was man im Westen für »die Entscheidung« hält – folgt nur noch.

In diesem Prozeß, der der Entscheidung vorausläuft, wird nie erwähnt, wie die Antwort aussehen könnte. An dieser Gepflogenheit wird eisern festgehalten, und zwar aus einem einfachen Grund. Die an der Diskussion Beteiligten wären sonst gezwungen, Partei zu ergreifen, und eine Entscheidung wäre ein Sieg für die eine Seite und eine Niederlage für die andere. Also zielt dieser Prozeß darauf ab, zu klären, worum es bei der Entscheidung wirklich geht, und nicht, worum es gehen sollte. Sein Ergebnis ist eine allgemeine Übereinstimmung darüber, daß eine Verhaltensänderung tatsächlich notwendig ist.*

Daß das sehr lange dauert, ist unbestreitbar. Für den westlichen Verhandlungspartner ist diese Periode zutiefst frustrierend, denn er versteht nicht, was hier vor sich geht, und er hat das Gefühl, er würde mit Verschleppungstaktiken hingehalten.

So ist es zum Beispiel für einen Amerikaner, der mit Japanern wegen einer Lizenzvereinbarung verhandelt, nur sehr schwer verständlich, warum sie alle drei Monate immer wieder neue Gruppen zu ihm schicken, um, wie er meint, »Verhandlungen« zu führen. Diese japanischen Verhandlungspartner verhalten sich dann so, als hätten sie von dem Verhandlungsgegenstand noch nie etwas gehört, machen sich umfangreiche Notizen und kehren dann wieder nach Hause zurück, und sechs Wochen später folgt ihnen eine neue Gruppe aus einem anderen Bereich der Gesellschaft, die allem Anschein nach wieder noch nie etwas von dem Gegenstand der Diskussion gehört hat, sich umfangreiche Notizen macht und nach Hause zurückkehrt. Nur wenige von meinen Freunden aus dem Westen glauben

---

* Wir besitzen einen vollständigen Bericht über die Funktion dieses Prozesses, obwohl es dabei nicht um eine geschäftliche Entscheidung geht, sondern um die Entscheidung, 1941 gegen Amerika in den Krieg einzutreten. (*Japan's Decision for War* Records of the 1941 Policy Conferences. Translated and edited by Nobutuka Ike, Stanford University Press, 1967 – *Japans Entscheidung für den Krieg*, Akten der Konferenzen zur Politik von 1941. Übersetzt und herausgegeben von Nobutuka Ike, Stanford University Press, 1967)

das zwar, aber in Wirklichkeit ist dieses Verhalten ein Anzeichen dafür, daß die Japaner die Angelegenheit äußerst ernst nehmen. Sie versuchen, alle diejenigen miteinzubeziehen, die vor einer späteren Entscheidung eine Übereinkunft darüber erzielen müssen, daß eine Lizenz tatsächlich gebraucht wird. Erst wenn alle, die die Entscheidung durchführen müssen, sich darüber einig geworden sind, daß eine Entscheidung überhaupt notwendig ist, wird die Entscheidung getroffen, weiterzumachen. Erst dann beginnen die Verhandlungen wirklich – und werden gewöhnlich blitzschnell zu Ende gebracht.

Erst, wenn die gesamte Gruppe weiß, worum es bei der Entscheidung geht und sich jeder Einzelne ganz sicher ist, daß sie wirklich getroffen werden muß, haben die Japaner den Punkt erreicht, den wir meinen, wenn wir von Entscheidungen sprechen.

Sie verwenden diesen Begriff jedoch nicht mehr, sondern sprechen richtig von dem »Aktionsstadium«. An diesem Punkt gibt die Firmenspitze die Angelegenheit an die, wie sie japanische Experten bezeichnen, »entsprechenden Leute« weiter. Die Firmenspitze entscheidet, wer diese entsprechenden Leute sind. Und damit wird praktisch entschieden, welche spezifischen Lösungen für das Problem ausgearbeitet werden, denn im Verlauf der Diskussionen, die zur Erzielung der Konsenses durchgeführt worden sind, ist es deutlich geworden, welche grundsätzlichen Ansätze bestimmte Personen oder Gruppen für die Problemlösung heranziehen werden. Die Firmenspitze wählt damit, daß es die Angelegenheit der einen oder anderen Stelle überträgt, praktisch die Lösungsmöglichkeit aus – die aber inzwischen für niemand mehr eine Überraschung bedeutet. Diese Weitergabe an die »entsprechenden Leute« ist ebenso entscheidend wichtig wie die parallelen Entscheidungen in dem amerikanischen politischen Prozeß, die ausländische Beobachter der amerikanischen Politik vollständig verwirren: die Entscheidung, welchem Komitee oder Subkomitee des Kongresses ein bestimmtes Gesetz zugewiesen wird. Wieder findet sich diese Entscheidung in keinem der Bücher über das amerikanische Regierungssystem oder die amerikanische Politik; wie jeder amerikanische Politiker weiß, ist das jedoch trotzdem die entscheidende Stufe, auf der die Würfel darüber fallen, ob eine Gesetzesvorlage in Kraft treten wird, und welche Form sie bekommen wird. Ebenso entscheidet in Japan diese Entscheidung der Spitze – die, soweit ich informiert bin, in keinem japanischen Buch über Regierung oder Wirtschaft erwähnt wird – darüber, wie das Problem konkret gelöst werden wird.

Was sind die Vorteile eines solchen Vorgehens? Und was können wir aus ihm lernen?

Zunächst einmal trägt es dazu bei, daß Entscheidungen schnell und vor allem effektiv getroffen werden. Auf den ersten Blick mag sich vielleicht der Eindruck erheben, als würde dieser Prozeß viel Zeit verschlingen, und es dauert tatsächlich in Japan viel länger als im Westen, bis eine Entscheidung fällt. Wir im Westen brauchen aber dann Jahre, um eine Entscheidung zu »verkaufen«. Wir treffen sie zuerst und machen uns dann daran, die Betroffenen dazu zu bringen, sich nach ihr zu richten. Wie wir alle im Westen wissen, wird die Entscheidung nur zu oft von der Organisation sabotiert oder, was unter Umständen noch schlimmer ist, es dauert so lange, bis sie wirklich zum Tragen kommt, daß sie veraltet, wenn nicht gar falsch geworden ist, bis die Angehörigen der Organisation sich in ihrem Verhalten nach ihr richten und die Entscheidung realisiert worden ist. Die Japaner dagegen verschwenden absolut keine Zeit dafür, eine Entscheidung zu verkaufen. Das ist alles schon vorher passiert. Außerdem ist es im Verlauf des oben geschilderten Prozesses natürlich klargeworden, in welchem Teil der Organisation ein bestimmtes Lösungsmodell begrüßt und wo ihm Widerstand geleistet wird. Es bleibt daher viel Zeit dafür, die Opposition zu überzeugen zu versuchen oder kleine Konzessionen an sie zu machen, die sie für die Entscheidung gewinnen werden, ohne der Effektivität der Gesamtentscheidung Abbruch zu tun.

Jeder westliche Geschäftsmann, der mit Japanern verhandelt hat, hat erfahren müssen, daß die scheinbare Verschleppung des »Verhandlungsstadiums« mit seinen endlosen Verzögerungen und dem ewigen Wiederkäuen der gleichen Materie von Aktion gefolgt wird, der er in ihrer Geschwindigkeit kaum zu folgen vermag. Es kann drei Jahre dauern, bis diese Lizenzvereinbarung ausgearbeitet ist, und während dieser Zeit werden keine Bedingungen diskutiert, es wird mit keinem Wort erwähnt, welche Produkte die Japaner herstellen wollen oder welche Informationen und Hilfeleistungen sie vielleicht brauchen werden. Und dann sind die Japaner innerhalb von vier Wochen bereit, in das Produktionsstadium zu treten und verlangen von ihrem westlichen Geschäftspartner Daten, Informationen und Fachkräfte, die er nicht liefern kann, weil er auf diese Forderungen nicht vorbereitet war. Übrigens sind an diesem Punkt die Japaner damit an der Reihe, sich bitter über die »endlosen Verzögerungen und Verschleppungen« des westlichen Geschäftspartners zu beschweren. Sie verstehen nämlich unsere Art der Entscheidungsfindung – daß wir also eine Entscheidung zuerst treffen und sie dann durchführen – ebensowenig wie wir die japanische Methode, mit der die Durchführung einer Entscheidung sichergestellt wird, *bevor* sie fällt.

Im Grunde stößt der japanische Ansatz zum Herz einer effektiven Entscheidungsfindung vor, denn hier geht es nicht in erster Linie darum, was die richtige Lösung ist, sondern welches richtiges Verhalten sich aus ihr ergibt. Er entstammt nicht wie unser Entscheidungsfindungsprozeß der Mathematik, wo die richtige Lösung ein Selbstzweck ist und mit *Quod Erat Demonstrandum* diesen Prozeß abschließt. In Japan dagegen betrachtet man die Entscheidung als einen Prozeß, dessen gewünschtes Endresultat Aktion und Verhalten der Betroffenen ist.

Bei der japanischen Methode bildet das Verständnis des Problems den Schwerpunkt. Damit wird fast garantiert, daß alle Alternativen geprüft werden und die Aufmerksamkeit auf Wesentliches konzentriert bleibt. Sie verhindert eine Parteinahme, bis sich alle darüber einig sind, worum es bei der Entscheidung geht. Ihr Ergebnis kann auch eine falsche Antwort auf das Problem sein, wie das bei der japanischen Entscheidung der Fall war, 1941 gegen die U.S.A. in den Krieg einzutreten, aber es wird nur selten die richtige Lösung für das falsche Problem gefunden, und wie alle Menschen, die Entscheidungen zu treffen haben, gelernt haben, ist das der wirklich gefährliche Kurs, die wirklich unwiderruflich falsche Entscheidung.

Dieses System zwingt die Japaner vor allem dazu, große Entscheidungen zu treffen. Es zwingt sie dazu, fundamentale, um nicht zu sagen radikale Entscheidungen zu treffen. Es ist viel zu schwerfällig, um bei unbedeutenden Entscheidungen zur Anwendung kommen zu können. Viel zu viele Menschen müssen sich viel zu lange intensiv mit einem Problem befassen, und dieses Problem muß wirklich wichtig sein und zu echten Veränderungen der Politik und des Verhaltens führen, weil alles andere Verschwendung wäre. Unbedeutende Entscheidungen werden aus diesem Grund in Japan oft einfach nicht gefällt, selbst wenn sie offensichtlich notwendig wären.

In unserem Prozeß ist es leicht, kleinere oder unbedeutende Entscheidungen zu fällen. Jeder, der die westliche Wirtschaftswelt und die westlichen Regierungsbehörden kennt, weiß, daß hier in der Regel viel zu viel unbedeutende Entscheidungen getroffen werden, und nach meiner Erfahrung löst in einer Organisation nichts so viele Probleme aus wie eine Menge kleiner Entscheidungen. Emotionell macht es kaum einen Unterschied, ob es nun darum geht, den Wasserspender ans andere Ende eines Gangs zu stellen, oder den alten Geschäftsbereich zu verlassen. Für eine Entscheidung wird ebensoviel Zeit gebraucht wie für die andere, und auch das Erhitzen der Gemüter, das beide nach sich ziehen, unterscheidet sich kaum, und deshalb sollte sich die Unruhe, die eine Veränderung im Management und in der gesamten Institution nach sich zieht, wenigstens lohnen. Das bedeutet jedoch, daß keine unbedeutenden und häufigen Entscheidungen getroffen werden, und das ist es, was der japanische Prozeß leistet.

Ich konnte es einmal verfolgen, wie ein japanisches Unternehmen ein von einer bekannten amerikanischen Firma vorgeschlagenes gemeinsames Projekt durcharbeitete – übrigens von einer Firma, mit der die Japaner schon viele Jahre in Geschäftsverbindung standen. Sie begannen nicht einmal mit der Diskussion des gemeinsamen Projekts, sondern mit der Frage: »Müssen wir die grundsätzliche Richtung unseres Geschäfts ändern?« Als Ergebnis wurde ein Konsens erzielt und eine Entscheidung darüber getroffen, eine Anzahl alter Geschäftsverbindungen abzubrechen und in einer Anzahl neuer Technologien und Märkte neu anzufangen, wobei das gemeinsame Projekt – das angegangen wurde und seitdem sehr gut läuft – ein Element einer umfassenden neuen Strategie sein sollte. Bis es aber den Japanern klargeworden war, daß es bei der Entscheidung in Wirklichkeit um eine neue Richtung der Firma ging und deshalb eine Entscheidung notwendig geworden war, diskutierten sie untereinander nicht ein einziges Mal, ob das gemeinsame Projekt wünschenswert sei oder gar die Bedingungen, unter denen es durchgeführt werden könnte.

Wir bewegen uns im Westen in die Richtung der Japaner, oder zumindest wird das mit all den »Expertenteams«, »langfristigen Plänen« oder »Strategien« zu erreichen versucht. Es wird bei uns aber versäumt, in die Arbeit dieser Expertenteams den »Verkauf« mit einzubauen, der ein Teil des japanischen Prozesses ist, bevor die Entscheidung fällt. Das erklärt weithin, warum so viele brillante Berichte von diesen Expertenteams oder den langfristigen Planern nie Taten nach sich ziehen, sondern Pläne bleiben. Zur gleichen Zeit erwarten wir von ihnen aber »Empfehlungen«, das heißt, daß sie sich auf eine Alternative festlegen. Für die Japaner dagegen ist völlig zu Recht der wichtigste Schritt eine Einschätzung der verfügbaren Alternativen. Wie jeder Beobachter des Prozesses weiß, neigen bei uns die Expertenteams oder die langfristigen Planer dazu, mit einer Antwort, d.h. mit einer Empfehlung anzufangen und dann die Dokumentierung dafür zu finden zu versuchen. Die Japaner haben ebenso ausgeprägte Meinungen wie wir, aber weil sie sich durch ihre Disziplinierung dazu zwingen, sich nicht auf eine Empfehlung festzulegen, bis sie die Frage vollständig umrissen haben, und weil sie das System, einen Konsens herzustellen, benutzen, um die gesamte Bandbreite der Alternativen zu finden, ist es für sie weit weniger wahrscheinlich, daß sie Gefangene ihrer vorgefertigten Antworten werden, als das für uns in unserem Entscheidungsprozeß der Fall ist.

## II Mythen und Realitäten der »Lebenszeitstellung«

Ebenso, wie jeder von dem Konsens als der Basis für die japanischen Entscheidungen gehört hat, kennt sowohl in Japan als auch im Westen jeder die japanischen »Lebenszeitstellungen«. Auch hier enthalten die Vorstellungen der meisten Menschen von dieser Lebenszeitstellung so viel Mißverständnisse wie die vom Konsens.
Sicher ist den meisten Angestellten und Beschäftigten in der »modernen« japanischen Geschäftswelt und Industrie ihre Stelle sicher, wenn sie erst

einmal auf den Lohnlisten stehen.* Während sie arbeiten, ist ihnen ihre Stelle nicht nur praktisch völlig sicher und kann nur durch eine schwere Wirtschaftskrise oder den Bankrott des Arbeitgebers gefährdet werden, sondern sie werden dazu noch in der Regel nach der Länge ihrer Beschäftigung bezahlt, wobei sich Gehalt oder Lohn unabhängig von der Art der Beschäftigung alle fünfzehn Jahre ungefähr verdoppelt.

Japans Lohnstruktur ist jedoch keineswegs starr, sondern zeigt vielmehr in Lohnkosten und Beschäftigungspolitik eine bemerkenswerte Flexibilität. Was bisher niemand bemerkt hat – und was nach meiner Überzeugung nicht einmal die Japaner selbst sehen – ist, daß das japanische Pensionierungssystem (oder vielleicht sollte es eher das japanische Nicht-Pensionierungssystem heißen) die Lohnkosten nicht nur flexibler als in den meisten westlichen Ländern und den meisten westlichen Industrien macht, sondern darüberhinaus noch äußerst geschickt eine Harmonie zwischen

---

* Hier sind jedoch erhebliche Einschränkungen zu nennen. Die Frauen werden immer als »temporäre« und nicht als »permanente« Arbeitskräfte behandelt. Die meisten Beschäftigten in Japans »traditioneller Wirtschaft«, besonders in den vorindustriellen Werkstatt-Industrien wie Lack-Artikel-Herstellung, Töpfereiwesen oder Seidenweberei werden stundenweise eingestellt und bezahlt. Selbst in der modernen Industrie gibt es einen erheblichen, wenn auch langsam schrumpfenden, Teil von Beschäftigten – ungefähr 20% – die nach einer einseitigen Entscheidung der Firmenleitung als »temporär« eingestuft werden und das auch bleiben, obwohl sie die Stelle schon viele Jahre haben.

dem Bedürfnis der Beschäftigten nach einer garantierten Stelle und einem gesicherten Einkommen und dem Bedürfnis der Wirtschaft nach flexiblen Lohnkosten herstellt. Eigentlich entlassen die meisten japanischen Firmen, und besonders die großen, einen größeren Teil ihrer Belegschaft, wenn die Geschäfte nachlassen, als die meisten westlichen Firmen wollen oder können. Sie können das aber so bewerkstelligen, daß die Beschäftigten, die ihr Einkommen am nötigsten brauchen, voll geschützt sind. Die Hauptlast der Anpassung wird von denen getragen, die es sich leisten können oder über andere Einkommensquellen verfügen.

Das offizielle Ruhestandsalter liegt in Japan für jeden bis auf einige wenige, die mit fünfundvierzig Jahren Angehörige der Firmen-Spitze werden und von denen man nicht erwartet, daß sie sich bei irgendeinem bestimmten Alter zurückziehen, bei fünfundfünfzig Jahren. Mit fünfundfünfzig Jahren, so heißt es, zieht sich jeder Angestellte, sei er nun Lagerarbeiter oder Abteilungsleiter, in den Ruhestand zurück. Traditionell bekommt er dann eine Trennungsentschädigung ungefähr in Höhe von zwei vollen Jahresgehältern.

Wenn man nun bedenkt, daß die Lebenserwartung in Japan inzwischen ebenso hoch ist wie in den westlichen Ländern, so daß die meisten Beschäftigten davon ausgehen können, ungefähr siebzig Jahre alt zu werden, so scheint das völlig unzureichend. Trotzdem beschwert sich niemand über das grausame Schicksal der Alten. Noch verblüffender ist die Tatsache, daß man in Japan in jeder Fabrik, in jedem Büro oder jeder Bank Beschäftigte vorfindet, die fröhlich zugeben, daß sie weit älter als fünfundfünfzig sind, die aber trotzdem offensichtlich noch arbeiten.

Der gewöhnliche Beschäftigte, sei er nun Angestellter oder Arbeiter, verliert im Alter von fünfundfünfzig Jahren seinen Status als fest Beschäftigter und wird stattdessen zu einem »temporären« Angestellten. Das bedeutet zunächst einmal, daß er entlassen werden kann, wenn es nicht genug Arbeit gibt. Wenn das jedoch nicht zutrifft – und Japan leidet seit zwanzig Jahren an akutem Arbeitskräftemangel – wird er weiterbeschäftigt, und zwar oft am gleichen Arbeitsplatz wie vorher, Seite an Seite mit dem fest Beschäftigten, mit dem er viele Jahre zusammengearbeitet hat. Er erhält aber für diese Arbeit jetzt mindestens ein Drittel weniger als in der Zeit, in der er noch permanent angestellt war.

Hinter dieser Praxis steht eine recht einfache Überlegung. Der Mann, so wird in Japan argumentiert, hat die zwei Jahresgehälter als Notreserve. Wie ohne weiteres zugegeben wird, reicht das nicht aus, um irgendjemand fünfzehn Jahre lang über Wasser zu halten, aber für die Überwindung einer kurzen Durststrecke reicht es gewöhnlich. Er hat außerdem in der Regel keine abhängigen Kinder oder Eltern mehr, die er unterstützen muß, und deshalb dürfte er eigentlich erheblich weniger Geld brauchen als im Alter von vierzig Jahren, als er wahrscheinlich sowohl Eltern als auch Kinder unterstützen mußte.

Wenn ich hier das japanische Beschäftigungssystem beschreiben wollte, müßte ich nun einige recht komplizierte Detailschilderungen anschließen, wie zum Beispiel die Rolle der halbjährlichen Prämie. Mir geht es jedoch nur darum, was der Westen von den Japanern lernen könnte. Nach meinem Dafürhalten interessiert uns an dem japanischen System vor allem, wie es mit ihm gelingt, zwei scheinbar kollidierende Bedürfnisse zu befriedigen: das Bedürfnis nach einem sicheren Arbeitsplatz und Einkommen, und das Bedürfnis nach Flexibilität und Anpassungsfähigkeit in der Beschäftigungspolitik und den Lohnkosten.

Im Westen haben im Verlauf der vergangenen fünfundzwanzig Jahre immer mehr Beschäftigte eine Sicherung ihres Arbeitsplatzes erreicht, die in vielen Fällen die der japanischen Lebenszeitstellung noch übersteigt. Man könnte sogar mit einiger Berechtigung die These vertreten, daß in den massenproduzierenden amerikanischen Industrien die Lohnkosten unflexibler als in Japan sind, obwohl hier die Firmenleitung die Anzahl der Beschäftigten schnell der Auftragslage anpassen kann, was in Japan mit der Praxis, den permanent Angestellten fast unabhängig von der Geschäftslage ihre Arbeitsplätze zu garantieren, nicht möglich ist.

In der westlichen Industrie wird den Beschäftigten in immer größerem Umfang die Möglichkeit eingeräumt, sich vorzeitig in den Ruhestand zurückzuziehen. Auf der anderen Seite werden in der Regel die Beschäftigten mit der kürzesten Einstellungszeit zuerst entlassen. Das bedeutet, daß wir gerade denen, die ein sicheres, kalkulierbares Einkommen am nötigsten brauchen, also den jungen Familienvätern, die dazu oft noch ihre Eltern unterstützen müssen, am wenigsten Sicherheit bieten. Die Entscheidung, sich vorzeitig in den Ruhestand zurückzuziehen, ist in der Regel endgültig, denn nachdem sie einmal gefallen ist, besteht für den Betroffenen so gut wie keine Möglichkeit, jemals wieder in den Arbeitsprozeß eingegliedert zu werden. Als Ergebnis daraus fehlt unserer Arbeiterschaft das Gefühl der wirtschaftlichen und beruflichen Sicherheit, das ein so hervorstechendes Merkmal der japanischen Gesellschaft ist.

Wir bezahlen mit anderen Worten einen hohen Preis für unsere Einkommenssicherung und nehmen dafür eine große Starrheit auf dem Gebiet der Lohnkosten in Kauf, genießen aber nur sehr wenige von den Vorteilen. Vor allem fehlt uns die psychologische Sicherheit, die in der japanischen Gesellschaft so ausgeprägt ist: die feste Überzeugung eines Mannes im arbeitsfähigen Alter, daß er sich um seine Stelle und sein Einkommen keine Gedanken zu machen braucht. Stattdessen ist bei uns die Angst verbreitet: Angst der jungen Männer, entlassen zu werden, wenn die wirtschaftlichen Bedürfnisse ihrer Familien am höchsten sind; Angst der älteren Männer, in ihren fünfziger Jahren entlassen zu werden und dann keine Arbeit mehr zu bekommen, weil sie zu alt sind. In dem japanischen System dagegen herrscht in beiden Gruppen Zuversicht – bei den jüngeren Männern, weil sie sich sicher in ihrer Aussicht auf einen ungefährdeten Arbeitsplatz und ein steigendes Einkommen sein können, während ihre Kinder aufwachsen; und bei den Älteren, weil sie noch gebraucht werden und nützlich sind, zur gleichen Zeit auch keine Belastung sind.

In der Praxis ist das japanische System selbstverständlich nicht perfekter als irgendein anderes. Es steckt voller Ungerechtigkeiten, und besonders die Behandlung der Älteren läßt eine Menge zu wünschen übrig. Hier wären vor allem die Kleinwerkstatt-Industrien des vorindustrialisierten Japan und die Vielzahl der kleinen Dienstleistungsbetriebe zu nennen. Das grundsätzliche Prinzip aber, das die Japaner entwickelt haben – nicht durch rationale Planung, sondern durch die Anwendung traditioneller japanischer Konzepte von gegenseitiger Verpflichtung auf die Beschäftigungspolitik und -wirtschaft – scheint vernünftiger zu sein und besser zu funktionieren als das teure Flickwerk, das wir zur Abdeckung der Symptome des Problems benutzen, ohne dabei jedoch das Problem selbst anzugehen. Man könnte sagen, daß wir in unserem System wirtschaftlich eine größere »Sicherheit« haben; wir bezahlen jedenfalls mehr dafür. Es ist uns jedoch nicht gelungen, das zu erreichen, was die Konsequenz des japanischen Systems ist: die psychologische Überzeugung, sich auf seine Lebenszeitstellung verlassen zu können, d.h. eine berufliche und finanzielle Sicherheit.

In der amerikanischen Industrie spricht man heute davon, und manchmal wird in dieser Richtung sogar etwas unternommen, den auf der Anzahl der Berufsjahre fußenden Kündigungsschutz umzukehren, um neu eingestellte Farbige, die nur wenige Berufsjahre hinter sich haben, vor Entlassung zu schützen. Wir könnten uns vielleicht aber auch überlegen, ob wir diesen Kündigungsschutz auch bei älteren Männern umkehren sollten, die über das Alter hinaus sind, in dem ihre Familien am meisten Geld brauchen, da es nun schon in so vielen Fällen möglich ist, mit fünfundfünfzig vorzeitig in den Ruhestand zu treten und der Druck wachsen wird, eine solche Regelung auszuweiten, weil die Anzahl der jungen Männer, die in den Beruf eintreten, in den nächsten Jahren zum erstenmal ansteigen wird. Männer, die vorher das Recht auf einen vorzeitigen Ruhestand hatten, könnten vielleicht dann zuerst entlassen werden; heute bringt ihnen ihr langes Berufsleben einen praktisch unkündbaren Arbeitsplatz. Zugleich aber sollten diese Männer auch das Recht bekommen, ihren vorzeitigen Ruhestand zu unterbrechen und wieder zu arbeiten, wenn die Lage auf dem Arbeitsmarkt sich verbessert. Eine solche Maßnahme zur Arbeitsplatzsicherung der jüngeren, verheirateten Beschäftigten mit ihrer großen finanziellen Belastung durch die Familie könnte sich gut als einziges Hilfsmittel gegen den Druck erweisen, die Sicherheit des Arbeitsplatzes absolut zu garantieren, denn das würde Amerika die starren Lohnkosten aufzwingen, die der »Volksmund« der japanischen Wirtschaft andichtet.

Eine noch wichtigere Lektion aber, die wir von den Japanern lernen sollten, ist die Notwendigkeit, Sozialleistungen den Wünschen und Bedürfnissen spezifischer größerer Gruppen von Beschäftigten anzupassen. Im Westen, und besonders in den letzten dreißig Jahren in Amerika, haben wir Sozialleistung auf Sozialleistung gehäuft, bis in manchen Industriezweigen diese Leistungen bis zu einem Drittel der gesamten Lohnkosten ausmachen. Sie sind jedoch alle nach dem Gießkannenprinzip ausgeschüttet worden, ob sie nun von einer bestimmten Gruppe benötigt wurden oder nicht. Die einzige Ausnahme davon, die mir einfällt, ist der Mutterschaftsurlaub. So werden zum Beispiel junge Mädchen, die nur arbeiten wollen, bis sie einen Ehemann finden, gezwungen, in ihr Rentenkonto einzuzahlen, aus dem sie erst vom 65. Lebensjahr an etwas zurückbekommen. Hinter unserer gesamten Sozialleistungspolitik – und in diesem Punkt sind sich Arbeitnehmer und Gewerkschaften zur Abwechslung einmal völlig einig – steht die absurde Vorstellung, daß die Arbeitnehmerschaft in ihren Bedürfnissen und Vorstellungen eine homogene Gruppe ist. So kommt es, daß wir ungeheure Summen für Leistungen ausgeben, die für große Gruppen und manchmal sogar die Mehrheit der Beschäftigten keinerlei Bedeutung haben, und

auf der anderen Seite die echten Bedürfnisse ebenso
großer Gruppen unberücksichtigt bleiben. Das allein ist schon ein wesentlicher Grund dafür, daß
mit dieser Politik bei den Beschäftigten so wenig
Zufriedenheit und psychologische Sicherheit erreicht wird, und warum die Zahlung einer bestimmten Sozialleistung sofort zu Forderungen
nach anderen neuen Sozialleistungen führt, um die
Bevorzugung einer Gruppe »auszugleichen« – die
Alten oder die Jungen, die Facharbeiter oder die
Ungelernten, und so weiter, sie alle verlangen
»Gleichheit«.

Was die Arbeitnehmer ebenso wie die Gewerkschaften von dem japanischen Vorbild lernen
könnten, ist eine Anpassung der Sozialleistungen
an konkrete Bedürfnisse, so daß mit dem gleichen
Geldbetrag die verschiedenen Bedürfnisse und
Wünsche der verschiedenen Beschäftigtengruppen
entsprechend ihrem Alter und dem Versorgungs-
zyklus ihrer Familien flexibel abgedeckt werden
können. In Japan ist man allgemein davon überzeugt, daß das der Fall ist, und diese psychologische Überzeugung steht hinter einem Phänomen,
das man ebenfalls als wichtiges »Geheimnis« der
japanischen Wirtschaft bezeichnen könnte: die
freudige Bereitschaft der Beschäftigten, eine ständige Veränderung in der Technologie und den Ver-
arbeitungsprozessen ebenso zu akzeptieren wie die
Vorstellung, daß eine wachsende Produktivität gut
für jeden ist.

Heutzutage wird viel über den »Gemeinschaftsgeist« in den japanischen Betrieben geschrieben. Weit wichtiger aber als die Firmenlieder, die die Arbeiter in großen Fabriken am Beginn des Arbeitstages zusammen singen, ist die Tatsache, daß die japanischen Arbeiter nur wenig von dem berüchtigten Widerstand gegen Veränderung an den Tag legen, der im Westen so weit verbreitet ist.

Gewöhnlich wird das mit dem »Nationalcharakter« erklärt – und diese Erklärung ist immer fadenscheinig. Ein Hinweis darauf, daß sie falsch sein könnte, findet sich in der Tatsache, daß Veränderungen in Japan keineswegs überall akzeptiert werden. Die japanische staatliche Eisenbahn (JNR) zum Beispiel leidet ebenso wie irgendeine Bahn im Westen unter dem Widerstand gegen Veränderung, aber die zahlreichen Privatbahnen, die die dicht bevölkerten Gebiete Japans wie ein Netz überziehen, scheinen relativ frei davon zu sein. Es könnte eine Erklärung sein, daß bei der JNR, in ihrer Personalstärke so aufgebläht wie irgendeine andere nationalisierte Industrie der Welt, jede Veränderung nur Entlassungen zur Folge haben kann. Wichtiger noch ist die Tatsache, daß die japanischen Industrien, die wie die JNR an Widerstand gegen Veränderungen leiden, zugleich auch die sind, deren Organisation den westlichen Vorstellungen von beruflicher Tüchtigkeit und Geschick folgt. Die Industrien, die japanische Konzepte anwenden, wie zum Beispiel die Privatbahnen, widersetzen sich Veränderungen in der Regel nicht, obwohl auch hier die Be-

schäftigten wissen, daß der Personalstand eher
zu hoch als zu niedrig ist.

Ein anderes Geheimnis könnte die »kontinuierliche Ausbildung« sein, wie es die Japaner nennen.
Das bedeutet, daß jeder Beschäftigte bis zur Firmenführung als normalen Teil seines Berufs seine
Ausbildung fortsetzt, bis er in den Ruhestand tritt.
Im Gegensatz dazu bilden wir im Westen einen Beschäftigten nur dann weiter aus, wenn er sich eine
neue Fertigkeit aneignen muß oder eine neue Stellung einnehmen soll. Unsere Ausbildung ist »be-
förderungsorientiert«, die japanische dagegen »lei-
stungsorientiert«. Der japanische Angestellte wird
aber zugleich nicht nur für seinen konkreten Beruf
ausgebildet, sondern gewöhnlich für alle Berufe in
seinem Tätigkeitsbereich. So nimmt zum Beispiel
der Elektriker automatisch an Ausbildungskursen
für jeden anderen Berufszweig, der in der Fabrik
vertreten ist, teil, aber der Mann, der die Lagerhalle
ausfegt, tut das ebenso. Trotzdem behalten beide
ihren Aufgabenbereich, bis sie sterben oder in den
Ruhestand treten. Ihre Bezahlung ist weithin unabhängig von ihrer Position, sondern richtet sich
nach der Anzahl ihrer Berufsjahre, so daß es gut
möglich sein kann, daß der hochqualifizierte Elektriker weniger Geld verdient als der Mann mit dem
Besen. Von beiden aber erwartet man, daß sie jede
andere Aufgabe in der Fabrik, die ungefähr auf der
gleichen Ebene wie ihr eigener Beruf liegt (in einer
Fabrik zum Beispiel alle normalen Arbeiter-Beru-
fe), einigermaßen zufriedenstellend ausführen

können. Von dem Buchhalter in seinem Büro erwartet man ebenso, daß er sich in jedem verwandten Aufgabenbereich – zum Beispiel Personalverwaltung, Ausbildung oder Einkauf – ausbilden läßt oder mit einer Vielzahl von Fernkursen, Seminaren oder in einer Abendschule, wie sie in jeder großen Stadt zur Verfügung stehen, selbst weiter ausbildet. Das gilt auch noch für die Firmenführung.

Der Präsident einer recht großen Gesellschaft, der mir einmal beiläufig sagte, er könne mich an einem bestimmten Nachmittag nicht sprechen, weil er zu dieser Zeit an dem Schweißerlehrgang seiner Gesellschaft teilnahm – und zwar als Lehrling und nicht als Beobachter oder Ausbilder – ist natürlich eher eine Ausnahme. Der Präsident einer Gesellschaft dagegen, der an einem Fernkurs über Computerprogrammierung teilnimmt, ist recht häufig vertreten, und für den jungen Personalmanager ist es geradezu eine Selbstverständlichkeit.

Es wäre ein dickes Buch über japanische Industrie- und Wirtschaftsgeschichte nötig, um die Ursprünge dieses Systems zu erklären – obwohl es in seinem gegenwärtigen Zustand erst ungefähr fünfzig Jahre alt ist und seinen Ursprung primär in dem Arbeitskräftemangel während und direkt nach dem 1. Weltkrieg hat. Ein noch dickeres Buch würde man füllen, wollte man die Vorteile, Nachteile und Grenzen des japanischen Systems diskutieren; seine Grenzen und Beschränkungen sind tatsächlich deutlich. Die jungen Wissenschaftler und Ingenieure zum Beispiel sind ganz und gar nicht dafür und wehren sich recht erfolgreich dagegen. Sie wollen als Wissenschaftler und Ingenieure arbeiten und freuen sich nicht im geringsten darüber, wenn man von ihnen verlangt, Buchhaltung zu lernen, oder wenn sie plötzlich von ihrem Aufgabenbereich weg in die Personalabteilung versetzt werden. Auch von hochqualifizierten und hochspezialisierten Fachkräften wie von Papiermachern, die eine große Papiermaschine bedienen, oder von Einkäufern für ein Warenhaus verlangt man nicht, daß sie andere Tätigkeiten beherrschen, oder bereit sind, in anderen Berufen zu arbeiten. Selbst diese Spezialkräfte aber arbeiten fast routinemäßig an der Perfektionierung dieser ihrer Spezialität, und zwar noch lange, nachdem im Westen ihre »Ausbildung« abgeschlossen wäre; sie tun das im Normalfall sogar bis zum Ende ihres Berufslebens.

Eine Folge davon ist, daß Verbesserung der Arbeit und der Arbeitsprozesse ein Bestandteil des Systems geworden ist. In einem typischen japanischen Ausbildungskurs gibt es zwar einen Ausbilder, aber die wirkliche Last der Ausbildung ruht auf den Teilnehmern selbst, und die zentrale Frage lautet immer: »Was haben wir gelernt, um unsere Aufgabe besser ausführen zu können?« Dabei beherrschen die meisten Kursteilnehmer ihre Tätigkeit bereits und führen sie schon seit Jahren durch. Damit ist das neu Erlernte, sei es nun die Beherrschung eines neuen Werkzeugs, eines neuen Prozesses oder die Neuorganisierung der Arbeit, Teil eines Fortbildungsprozesses, der Woche um Woche, Monat um Monat und Jahr um Jahr weitergeführt wird. Ein japanischer Arbeitgeber, der einen neuen Prozeß, ein neues Produkt oder eine neue Maschine einführen will, tut das in und durch den Ausbildungskurs, und deshalb trifft er gewöhnlich auf keinen Widerstand, sondern es wird allgemein akzeptiert. Amerikaner, die als Manager an einem gemeinsamen Projekt mit Japan beteiligt waren, berichten immer wieder, daß die Fehler oder Schwachstellen in dem neuen Prozeß gewöhnlich ausgeräumt oder zumindest identifiziert sind, bevor er in der Fabrik in die Produktionsphase tritt.

Ein weiteres positives Ergebnis ist eine »eingebaute« Produktivitätssteigerung. Im Westen wird solange ausgebildet, bis der Auszubildende seine Arbeit mit einer Standardleistung ausfüllen kann. Dann hat er nach unserer Einschätzung seine Arbeit gelernt und braucht erst dann weitere Ausbildung, wenn er befördert werden soll oder die Arbeit selbst sich ändert. Unsere »Lernkurve« steigt an, bis die Standardleistung erreicht ist, und dann nivelliert sie sich. Das gilt für Japan nicht, und die japanischen Einstellung ist realistischer und entspricht mehr unseren Erkenntnissen über das allgemeine Lernverhalten. Auch bei den Japanern gibt es natürlich eine Standardleistung und eine Kurve, die zu ihr hinführt. Diese Standardleistung ist in der Regel deutlich niedriger als die entsprechende Leistung im Westen; die Produktivitätsnormen, die in den meisten japanischen Industriezweigen

in der Vergangenheit als zufriedenstellend eingeschätzt wurden, sind nach westlichen Maßstäben
im großen und ganzen ziemlich niedrig, aber die Japaner bilden sich ständig weiter. Früher oder später
wird ihre Lernkurve über das Niveau steigen, das
wir im Westen für permanent halten. Sie beginnt,
weiter anzusteigen, weil jemand überlegter arbeitet und nicht, weil er härter arbeitet. Im Westen
sind wir zufrieden, wenn bei älteren Arbeitern die
Produktivität nicht nachläßt. Das ist auch in manchen japanischen Industriezweigen ein Problem;
so erreichen zum Beispiel junge Frauen, die in der
Feinelektronik beschäftigt sind, ihre größte Finger-
fertigkeit und Scharfsichtigkeit ungefähr mit
zwanzig Jahren und werden mit zweiundzwanzig
oder dreiundzwanzig rapide immer langsamer.
(Das ist einer der Gründe dafür, daß man sich in der
japanischen Elektronik-Industrie sehr bemüht, für
diese Frauen Ehemänner zu finden, damit sie die
Fabrik verlassen, wenn sie das kritische – für diese
Tätigkeit zumindest – Alter erreicht haben.)
Im allgemeinen aber würde man in Japan sagen,
daß der ältere Beschäftigte produktiver ist, und
das scheinen ihre Statistiken zu bestätigen. Da
die Bezahlung von der Beschäftigungszeit abhängig ist, könnte der Ausstoß pro Yen in einer
Fabrik, deren Belegschaft zum größten Teil jung
ist und wenig Berufserfahrung hat, zwar viel höher
sein, aber der Ausstoß pro Arbeitsstunde ist in
einer Fabrik mit einer älteren Belegschaft fast
immer deutlicher höher – fast das Gegenteil von

dem, was wir im Westen als selbstverständlich annehmen.

Die Japaner wenden praktisch ihre eigenen Traditionen auf die Arbeit in Wirtschaft und Industrie an. Die beiden herausragenden Fertigkeiten des Samurai, der Kriegerkaste, die Japan dreihundert Jahre lang bis 1867 beherrschte, waren Schwertfechten und Kalligraphie. Beide verlangen eine »lebenslange Ausbildung«. In beiden bildet man sich weiter, auch nachdem man Meister in ihnen geworden ist, denn wenn man sich nicht weiter in ihnen übt, geht diese Meisterschaft schnell verloren. So lehrten auch die japanischen Malerei-Schulen, wie zum Beispiel die Kano-Schule, die die offizielle japanische Malerei dreihundert Jahre lang bis 1867 beherrschte, daß auch der größte Meister jeden Tag lang einige Stunden kopiert, d.h. sich ständig weiter ausbildet. Sonst würde sein Geschick und vor allem seine Kreativität bald nachlassen. Auch die größten Judo-Meister führen noch täglich die einfachen Übungen durch – ebenso wie der größte Pianist im Westen noch täglich seine Fingerübungen macht.

»Ein Unterschied, den ich meinen westlichen Kollegen nur schwer erklären kann«, sagte einer der führenden Industrie-Ingenieure Japans eines Tages zu mir, »ist, daß wir ganz genau das gleiche tun wie unsere Kollegen in Detroit oder Pittsburgh, aber für uns hat es eine andere Bedeutung.« »Der amerikanische Industrie-Ingenieur plant die Arbeit und den Arbeiter.« »Wir planen

nur die Arbeit. Was den Arbeiter betrifft, so sind wir eher Lehrer als Vorgesetzte, weil wir den Arbeiter respektieren. Wir versuchen, es zu lehren, wie man die eigene Produktivität und den Arbeitsprozeß verbessert. Wir legen nur die Grundmauern; das Gebäude selbst baut der Arbeiter.«
»Wissenschaftliches Management, Zeit- und Bewegungsablauf-Studien, Materialfluß – das alles gibt es bei uns auch, und es unterscheidet sich nicht davon, wie ihr in den Staaten damit umgeht. Ihr denkt aber, das sei das Ende eurer Aufgabe, während wir hier in Japan es für den Anfang halten. Die Aufgabe des Arbeiters beginnt, nachdem wir sie für den Arbeiter geplant haben.«
Die kontinuierliche Ausbildung trägt in Japan viel dazu bei, daß die extreme Spezialisierung und Fachbezogenheit, unter der wir zu leiden haben, verhindert wird. In der japanischen Industrie gibt es keine Fachgewerkschaften oder Fachmeister. (Die wichtigste Ausnahme davon ist die JNR, die zusammen mit ihren Schienen und Lokomotiven aus England und Deutschland auch das spezialisierte Fachwesen importierte und die durch rivalisierende Fachbereiche und Zuständigkeitsstreitereien vielleicht noch stärker aufgespalten ist als die amerikanischen und englischen Bahnen.) In den frühen Tagen der japanischen Industrialisierung Japans lehnten es die gelernten Handwerker rundweg ab, in den neuen Fabriken zu arbeiten, die daher mit jungen Leuten vom Land besetzt werden mußten, die keine Fachkenntnisse besaßen und al-

les lernen mußten, was sie in ihrem neuen Tätigkeitsbereich brauchten. Trotzdem ist es nicht
wirklich wahr, daß, wie es in der offiziellen japanischen Propaganda heißt, »Arbeiter in einer Fabrik
frei von Aufgabenbereich zu Aufgabenbereich be-
wegt werden.« Ein Schweißer wird wahrscheinlich
ein Schweißer bleiben, und auch der Kollege in der
nächsten Reihe, der die Farbsprühanlage bedient,
wird wohl keine andere Aufgabe bekommen. In
den Büros, und besonders bei den leitenden Angestellten, ist die individuelle Mobilität viel größer.
Man wird in einer japanischen Firma nicht zögern,
einen jungen Manager von der Produktionskon-
trolle in die Marktforschungsabteilung oder zur
Buchhaltung zu versetzen. Die einzelnen Abteilungen sind jedoch trotzdem starr spezialisiert und
neigen zu einer engstirnigen Verteidigung ihrer
»Zuständigkeitsbereiche«. Die »Tunnelsicht« dagegen, unter der in der westlichen Geschäftswelt
viele leiden, fehlt in Japan. Der Industrie-Ingenieur, den ich oben zitiert habe, zieht genaue Grenzen zwischen industrieller und sonstiger Planung,
oder zwischen Industrie- und Personal-Planung.
Seit dem Tag seiner Graduierung arbeitete er in
keinem anderen Bereich, bis er im Alter von fünfundfünfzig Jahren zum Präsidenten einer Tochter-
firma seiner Gruppe ernannt wurde. Trotzdem war
er über die Arbeit jeder anderen Abteilung genau
informiert. Er verstand ihre Probleme. Er wußte,
was sie für seine Abteilung tun konnten, und was
seine Abteilung wiederum für sie tun konnte. In

seiner eigenen Arbeit war er der lupenreinste Spezialist, aber in seinem Wissen, seinen Einsichten und seinem Verantwortungsgefühl für die Leistungen der gesamten Organisation besaß er eine echte »Allgemeinbildung«.

Er selbst erklärt das aus der Tatsache, daß er – in seinen früheren Jahren deutlich gegen seinen Willen, wie er lachend eingesteht – in den verschiedenen Ebenen, die er im Verlauf seiner beruflichen Laufbahn durchlief, sich einer ständigen weiteren Ausbildung unterziehen mußte.

Heute legen wir im Westen Wert auf eine »ständige Weiterbildung« in den akademischen Bereichen. Dieses Konzept ist Japan noch fremd. Nach einem Abschluß an der Universität setzt der oder die Betroffene in der Regel nie wieder einen Fuß hinein. Die normale Schulbildung wird in Japan ebenso wie die akademische Bildung noch als Vorbereitung auf das Leben selbst und nicht als Selbstzweck betrachtet. Japanische Arbeitgeber, selbst die großen, einschließlich der Regierung, sehen es im Grund nicht gern, wenn die jungen Leute eine weiterführende Schule besuchen. Sie sind sonst »zu alt«, um ganz unten anzufangen, und woanders kann man in Japan nicht anfangen. Sie erwarten eine Arbeit als Spezialisten und Experten und wollen sich deshalb nicht der Ausbildung durch den Arbeitgeber unterziehen. Der Widerstand gegen lange ausgebildete Spezialisten in Japan wird sogar von vielen aufmerksamen Managern dieses Landes für eine große Schwäche der japanischen Geschäftswelt und noch mehr der japanischen Regierung gehalten. Es kann kaum ein Zweifel daran bestehen, daß die ständige (akademische) Weiterbildung in Japan weit wichtiger werden wird, als sie das heute ist, und daß zur gleichen Zeit auch die Bedeutung der Spezialisten wachsen wird. Zugleich aber können wir von der kontinuierlichen Ausbildung in Japan etwas lernen. Wir im Westen neigen dazu, auf Veränderung und Produktivität so zu reagieren, wie nach dem alten Spruch von Mark Twain die Menschen auf das Wetter. Wir beschweren uns alle, aber niemand unternimmt etwas. Die Japaner unternehmen zumindest etwas – und der Erfolg zeigt sich deutlich.

Kontinuierliche Ausbildung ist im Westen nicht völlig unbekannt. Vor einem Jahrhundert wurde sie von den jungen Zeiss-Werken in Deutschland entwickelt und kam bei *allen* Beschäftigten der Fabrik zur Anwendung, die allerdings zum größten Teil bereits hochspezialisierte Glasbläser und Optiker mit einer langjährigen Berufsausbildung waren. Die führende Rolle, die Deutschland in der optischen Industrie bis zum 1. Weltkrieg, wenn nicht bis zum 2. Weltkrieg behaupten konnte, beruhte zu einem großen Teil auf dieser Politik, in der fundierte handwerkliche Kenntnisse als Ausgangspunkt und nicht als Ziel einer Ausbildung betrachtet wurden. Da in den Vereinigten Staaten die handwerklichen Ausbildungsbestimmungen durch äußerst starre und restriktive gewerkschaftliche Vereinbarungen praktisch eingefroren sind (in England sogar noch in höherem Maß), wäre das heute wahrscheinlich nur in massenproduzierenden Industrien möglich, wo die berufliche Ausbildung auf eine ganze Fabrik oder zumindest auf eine ganze Abteilung ausgeweitet werden könnte.

Bei den Verwaltungsangestellten allerdings wäre es machbar und sogar wünschenswert, soweit sie nicht gewerkschaftlichen Zwängen unterworfen sind. (Diese Einschränkung trifft auf deutsche Verhältnisse wegen der Unterschiede in der Organisation der Gewerkschaften in den U.S.A. und England auf der einen und in Deutschland auf der anderen Seite nicht zu. Anm. d. Übers.) Hier aber, wo man restriktiven gewerkschaftlichen Bestimmungen nicht die Schuld geben kann, tun die Firmenleitungen ihr Bestes, um die einzelnen Abteilungen dicht abzuschotten und eine größtmögliche Spezialisierung herbeizuführen, die nur Tunnelsicht zur Folge haben kann. Sicher, kontinuierliche Ausbildung ist auch bei uns keineswegs unbekannt; in vielen großen Unternehmen gibt es nicht nur umfangreiche Ausbildungsprogramme, sondern darüberhinaus werden jüngere Verwaltungsangestellte zum Beispiel durch finanzielle Unterstützung dazu ermutigt, weiter Schulen zu besuchen und ihre Ausbildung fortzuführen.

Nur allzu oft liegt in diesen Programmen der Schwerpunkt aber auf einer weiteren Spezialisierung und *nicht* auf einer Vermittlung anderer Kenntnisse und Fertigkeiten. In den meisten Ausbildungsprogrammen, die ich kenne – und ich kenne eine ganze Menge – geht es fast ausschließlich um den Bereich, in dem der oder die Betroffene bereits arbeitet; bestenfalls wird die wertvolle Erkenntnis weitergegeben, daß »natürlich auch andere Bereiche wichtig sind«. Dann aber wird er oder sie angehalten, die Kenntnisse im eigenen Bereich zu erweitern, sei das nun Marktforschung oder Steuerbuchhaltung. Das Resultat dieser Praxis ist, daß die anderen Bereiche schon bald als mehr oder weniger überflüssiger Ballast betrachtet werden. Wenn nun etwas wirklich neues eingeführt werden muß – der Computer ist dafür das abschreckende Beispiel – züchten wir uns eine ganze Armee neuer Spezialisten heran, was zwangsläufig dazu führen muß, daß die Neulinge ineffektiv arbeiten, weil niemand weiß, was sie zu erreichen versuchen, zugleich aber abgelehnt werden und unbeliebt sind, weil sie für jedermann eine Bedrohung darstellen. Diese Abschottung und Engstirnigkeit ist sicher einer der Hauptgründe für die Schwierigkeiten, die wir mit dem Computer haben, von den Computer-Spezialisten ganz zu schweigen.

Besucht jemand außerbetriebliche Fortbildungsinstitutionen und erhält dafür von dem Betrieb finanzielle Unterstützung, so wird er von seinem Vorgesetzten im Betrieb in der Regel dazu angehalten werden, sich auf seinem eigenen Spezialgebiet weiterzubilden und nicht auf anderen Gebieten. Das wird in den Förderungsbestimmungen der Gesellschaft zwar nicht verlangt, aber in der Regel muß der Vorgesetzte das Ausbildungsprogramm genehmigen, bevor die Firma Mittel dafür bereitstellte. Eigentlich sollte es umgekehrt sein: nachdem sich ein junger Mann die Grundzüge seines Spezialgebietes angeeignet hat, sollte er sich in den Ausbildungskursen seiner Firma oder in anderen weiterbildenden Kursen systematisch mit allen anderen größeren Bereichen der Abteilung befassen. Nur so kann es verhindert werden, daß Verwaltung und Management von morgen so starr in Fachgebiete aufgeteilt und so von juristischen Bestimmungen eingeschränkt werden, wie wir das den Facharbeiter haben werden lassen.

### III  Ausbildung und Versorgung der Jugend

Das Haus Mitsui ist nicht nur die älteste unter den großen Firmen der Welt; seine Geschichte reicht bis 1637 zurück, also ein halbes Jahrhundert vor die Gründung der Bank of England. Es war außerdem die größte Firmengruppe der Welt, bis es während der amerikanischen Besetzung Japans in einzelne Gesellschaften aufgeteilt wurde. (Heute, da sich diese Unternehmen wieder zu einem ziemlich engen Verband zusammengeschlossen haben, könnte Mitsui gut wieder die größte Firmengruppe der Welt sein.) In den dreihundert Jahren seines Bestehens hatte Mitsui nicht einen Vorsitzenden (der japanische Begriff dafür lautet »Oberster *Banto*«, was wörtlich »oberster Angestellter« bedeutet), der nicht ein bedeutender Mann mit ausgezeichneten Führungsqualitäten gewesen wäre. Soweit ich weiß, gibt es keine einzige andere Institution, sei es nun die katholische Kirche, irgendeine Regierung, Armee, Marine, Gesellschaft oder Universität, die eine solche ununterbrochene Reihe vorweisen kann.

Wenn man nach einer Erklärung für diesen verblüffenden Erfolg in der Ausbildung und Auswahl von Führungspersonal fragt, erhält man immer die gleiche Antwort: Seit den frühesten Tagen hatte der oberste Banto – der selbst nie ein Mitglied der Mitsui-Familie war, sondern angestellt wurde – nur eine einzige Aufgabe: die Ausbildung, Auswahl und Plazierung der Manager. Er verbrachte den größten Teil seiner Zeit bei den jungen Leuten, die den Nachwuchs in Management und Verwaltung bilden sollten. Er kannte sie. Er hörte ihnen zu. Daher wußte er, bis sie ungefähr das dreißigste Lebensjahr erreicht hatten, wer wahrscheinlich Spitzenstellungen erreichen würde, welche Erfahrungen und Förderung sie brauchten, und für welche Aufgabe sie eingesetzt und geprüft werden sollten.

Auf den ersten Blick scheint kaum ein System ungeeigneter für die Entwicklung energischer Führungskräfte als das japanische. Es scheint vielmehr der ideale Nährboden für furchtsame Männer, die wegen ihrer erwiesenen Mittelmäßigkeit ausgesucht und dazu ausgebildet werden, auf keinen Fall »Unruhe zu stiften«. Die jungen Männer, die von

der Universität kommen und bei einer Firma angestellt werden – und das ist im großen und ganzen
die einzige Möglichkeit, in das Management eines
Unternehmens vorzustoßen, weil eine Anstellung
von Firmenfremden für eine leitende Stellung
praktisch unbekannt ist –, wissen, daß ihnen eine
Stelle sicher ist, wie schlecht ihre Leistungen auch
sein mögen. Bis zum fünfundvierzigsten Lebensjahr, also für das erste Vierteljahrhundert ihres Ar-
beitslebens, werden sie ausschließlich nach der
Anzahl ihrer Berufsjahre befördert und bezahlt.
Leistungen scheinen nicht gewürdigt zu werden,
was wohl auch nicht viel Sinn hätte, wenn ein
Mann weder für Leistungen belohnt noch für fehlende Leistungen bestraft werden kann. Nicht die
Vorgesetzten wählen sich ihre Untergebenen aus,
sondern Personalentscheidungen werden von der
Personalabteilung getroffen, und das oft ohne
Rückfragen bei dem Manager, dem ein Untergebener zugeordnet wird. Außerdem ist es undenkbar,
oder zumindest scheint es so, daß eine junge Führungskraft um eine Versetzung bittet, und ebenso
undenkbar ist es, daß er kündigt und sich eine andere Stelle sucht.* Jeder junge Manager oder Verwaltungsangestellte in japanischen Organisationen, sei es nun in der Geschäftswelt oder im Staats-

---

* Das ändert sich, und zwar besonders für Kräfte mit einer hochqualifizierten technischen Ausbildung, aber nur langsam. Es kommt
noch immer praktisch nie vor, daß ein junger Mann eine Stelle in einer anderen Gesellschaft annimmt, es sei denn, sein vorheriger Arbeitgeber hat es ihm ausdrücklich erlaubt.

dienst, weiß, daß man von ihm erwartet, daß er seine Kollegen unterstützt, und nicht, daß er sich selbst durch Brillanz oder Aggressivität auszeichnet.

Das bleibt zwanzig oder fünfundzwanzig Jahre lang so. Während dieser Zeit scheint das Hauptgewicht auf Anpassungsfähigkeit zu liegen, darauf, daß man Befehle ausführt und dabei Respekt und Unterwürfigkeit an den Tag legt.

Im Alter von fünfundvierzig kommt dann plötzlich der Tag der Abrechnung, und die Schafe werden von den Ziegen getrennt. Eine kleine – sehr kleine – Gruppe wird für die Direktorenposten der Gesellschaft, also für das oberste Management, ausgewählt; sie können ihren Beruf weit über jedes im Westen bekannte Ruhestandsalter ausführen, und führende Manager über achtzig sind keineswegs eine Seltenheit. Der Rest, d.h. vom Vorstandsmitglied an abwärts, bleibt noch bis zum fünfundfünfzigsten Lebensjahr, und gewöhnlich ist bestenfalls noch eine Beförderung zu erwarten. Dann treten sie in den Ruhestand, und das ist im Gegensatz zu den normalen Angestellten für sie Pflicht.*

---

* Es gibt noch eine dritte Kategorie, die zwar zahlenmäßig sehr klein, aber sehr wichtig und augenfällig ist. Einige Angehörige des oberen Teils des mittleren Managements werden im Alter von fünfundfünfzig Jahren in den Vorstand einer Zweig- oder Tochterfirma versetzt, wo sie ohne Altersbeschränkung weiterarbeiten können. Dies ist auf leitende Angestellte beschränkt, die zwar in ihrem eigenen Arbeitsfeld Hervorragendes leisten, aber für den Vorstand der Muttergesellschaft zu stark spezialisiert sind. Das erklärt übrigens teilweise, warum große japanische Gesellschaften so viele anscheinend unabhängige Zweigfirmen und Tochtergesellschaften haben.

Für einen Außenseiter, der glaubt, was die Japaner ihm erzählen, daß das System also wirklich so funktioniert, ist es unerklärlich, auf welcher Grundlage diese enorm wichtige Entscheidung im fünfundvierzigsten Lebensjahr getroffen wird; und doch erwachsen aus diesem System die unabhängigen und aggressiven obersten Manager der japanischen Geschäftswelt, die Japans Exporte in alle Länder der Erde drängen und Japan innerhalb von zwanzig Jahren zu der drittgrößten Wirtschaftsmacht der Welt gemacht haben, obwohl es vor dem 2. Weltkrieg nicht einmal zum ersten Dutzend gehört hatte.

Genau deshalb, weil die japanischen Manager auf Lebenszeit eingestellt sind und in der Regel weder hinausgeworfen noch versetzt werden können, weil in den ersten fünfundzwanzig Jahren des Berufslebens nur nach Dienstjahren Beförderungen ausgesprochen werden, ist in Japan die Ausbildung und Versorgung der Jugend die erste Pflicht der Konzernspitze. Das reicht mindestens 400 Jahre bis zu dem Militärdiktator Hideyoshi zurück, der die Angehörigen der Militär-Clans in straffe erbliche Kasten organisierte, in denen eine Beförderung von der einen in die andere offiziell nicht gestattet war. Zugleich aber mußte die Leitung des Clans fähige Männer finden, die später die Führung des Clans übernehmen konnten, und denen man schon in sehr früher Jugend Möglichkeiten bieten mußte, ohne dabei ranghöhere, aber weniger begabte Clan-Angehörige zu verletzen.

Heute wäre es für den obersten *Banto* von Mitsui natürlich unmöglich, den gesamten Manager-Nachwuchs persönlich zu kennen, wie das für seine Vorgänger vor einigen Generationen noch üblich war. Selbst kleinere Gesellschaften sind dazu viel zu groß und haben viel zu viele junge Angestellte in Management und Verwaltung. Trotzdem sind sie für die Firmenführung von vitaler Bedeutung, und es kommt seinen Verpflichtungen ihnen gegenüber durch eine informelle Organisation von erfahrenen Männern aus dem mittleren Management nach, die für die jungen Männer während ihrer ersten zehn Berufsjahre in der Firma als »Paten« fungieren.

Die Japaner nehmen dieses System als selbstverständlich, und es ist nur wenigen von ihnen überhaupt bewußt. Soweit ich das sagen kann, hat es keinen Namen, und der Begriff »Pate« stammt von mir und nicht von ihnen. Jeder junge Manager weiß jedoch, wer sein Pate ist, und sein Vorgesetzter und wiederum dessen Vorgesetzter auch. Der Pate ist nie der direkte Vorgesetzte des jungen Mannes, und in der Regel steht er in der Firmenhierarchie nicht in direkter Linie über ihm oder seiner Abteilung. Der Pate ist nur selten ein Angehöriger des obersten Managements oder wird es je erreichen – zumindest nicht in der Firma selbst. Er wird vielmehr aus den Angehörigen des gehobenen mittleren Managements ausgewählt, die mit fünfundfünfzig in den Vorstand einer Zweig- oder Tochter-Firma versetzt werden. Das sind mit anderen Worten die Betriebsangehörigen, die mit fünfundvierzig den Sprung in das oberste Management des eigenen Betriebs nicht geschafft haben und wissen, daß sie ihn hier auch in Zukunft nicht schaffen werden. Es ist daher unwahrscheinlich, daß sie eine eigene Fraktion aufzubauen versuchen, um sich eine Machtposition zu verschaffen. Zugleich sind sie aber die angesehensten Angehörigen des gehobenen mittleren Managements, und in der gesamten Organisation kennt man sie, vertraut ihnen und sieht zu ihnen auf.

Niemand scheint zu wissen, wie der einzelne Pate konkret für einen jungen Mann ausgesucht wird, und ob das ein formaler Auftrag oder eine informelle Übereinkunft ist. Die einzige Qualifikation, die gewöhnlich erwähnt wird, ist ein Studium an der gleichen Universität, an der auch der junge Mann seinen Abschluß gemacht hat. Diese Verbindung zur alten Universität ist ein stärkeres Band, als es das in England jemals war. In der Firma weiß jedoch jeder, wer der Pate eines jungen Mannes ist, und respektiert diese Verbindung. Man erwartet von ihm, daß er während der ersten zehn Jahre der Karriere seines Schützlings eng mit ihm in Verbindung bleibt, obwohl er in einer großen Firma hundert solcher Schützlinge zur gleichen Zeit haben kann. Er soll den jungen Mann kennen, ihn relativ regelmäßig treffen, ihm für Beratung zur Verfügung stehen und sich allgemein um ihn kümmern. Er hat auch einige Aufgaben, die Paten außerhalb von Japan gewöhnlich nicht haben; so soll er zum

Beispiel sein »Patenkind« in den besseren Bars an der Ginza und in andere einschlägige Etablissements einführen. Auf der anderen Seite gehört es durchaus zu den wichtigen Fähigkeiten eines jungen japanischen Managers, in der Öffentlichkeit trinken zu lernen. Wenn ein junger Mann einen inkompetenten Manager erwischt hat und versetzt werden möchte, weiß der Pate, an wen er sich wenden soll und wie etwas erreicht werden kann, was offiziell nicht möglich ist. Davon wird allerdings nie jemand etwas erfahren. Und wenn der junge Mann sich danebenbenommen hat und eine Strafpredigt braucht, wird sie ihm sein Pate privat erteilen. Bis er dreißig ist, weiß sein Pate eine ganze Menge über ihn.

Dieser Pate setzt sich mit dem obersten Management zusammen und bespricht mit ihm den Nachwuchs. Das kann wieder ganz zwanglos vor sich gehen. Bei einer Schale Sake sagt der Pate dann vielleicht ruhig: »Nakamura ist eine gute Kraft. Er ist bereit für eine Aufgabe, die ihn fordert.«, oder: »Nakamura ist ein guter Chemiker, aber eine Führerpersönlichkeit ist er nicht.«, oder: »Nakamura meint es gut und ist zuverlässig, aber ein Genie ist er nicht, und man sollte ihn besser nur mit Routineaufgaben betrauen.« Wenn dann die Zeit für Personalentscheidungen kommt und es entschieden werden muß, wer welchen Auftrag erhalten und wohin jemand versetzt werden soll, konsultiert die Personalabteilung in aller Stille den Paten, bevor die Entscheidung getroffen wird.

Eine persönliche Erfahrung von mir kann vielleicht als Illustration für die Funktionsweise des Systems dienen. Vor einigen Jahren fand ich mich rein zufällig in der Position eines temporären Paten.

Einer meiner fähigsten Studenten während meiner zwanzigjährigen Beschäftigung an der *New York University's Graduate Business School* (Volkswirtschaftliche Fakultät der Universität New York) war ein junger Japaner; nenen wir ihn Okura. Er war der Sohn eines Diplomaten und absolvierte den ersten Teil seines Studiums in Oxford; er legte die Prüfung für den japanischen diplomatischen Dienst mit gutem Erfolg ab. Dann aber entschloß er sich zu einer Karriere in der Wirtschaft und besuchte unsere Graduate School in New York. Später nahm er dann eine Stelle bei einem der großen internationalen Unternehmen Japans an. Als ich vor einigen Jahren Japan besuchte, kam er zu mir. Ich sagte: »Okura, wie geht es Ihnen?« Er sagte: »Gut, aber ich glaube, ich werde etwas Hilfe brauchen. Das ist der Grund für meinen Besuch. Da ich nicht in Japan die Schule besucht oder studiert habe, habe ich in der Firma niemanden, der sich für mich verantwortlich fühlt. Die Mitglieder unseres Managements haben alle in Japan die Universität besucht, und deshalb gibt es in den führenden Kreisen niemand, der den Leuten von der Personalverwaltung sagen kann, daß ich so weit für einen Manager-Posten in einer unserer Zweigfirmen im Ausland bin. Ich weiß, daß ich für die beiden letzten offenen Stellen in Südamerika in die engere Wahl gezogen worden bin, aber niemand wußte, ob ich dorthingehen wollte, ob ich bereit dafür war und wie meine allgemeinen Pläne aussehen. Ich weiß, daß Sie in ein oder zwei Tagen mit unserem Vizepräsidenten essen werden, und da Sie mein Professor waren, können Sie für mich sprechen.« Ich sagte: »Okura, wird sich Ihr Vizepräsident nicht ärgern, wenn sich ein Außenseiter einmischt?« Er sagte: »Oh nein, im Gegenteil. Er wird Ihnen dankbar sein, das versichere ich Ihnen.« Er hatte tatsächlich recht. Als ich nämlich bei dem Vizepräsidenten Okuras Namen erwähnte, strahlte er auf und sagte: »Wissen Sie, ich wollte Sie bitten, ob Sie uns nicht den Gefallen tun könnten, sich mit Okura-San über seine Pläne zu unterhalten. Wir glauben, er ist bereit für eine große Manager-Aufgabe im Ausland, aber wir können nicht mit ihm sprechen; von uns hat niemand die gleiche Universität wie er besucht.« Drei Monate später wurde Okura in den Vorstand einer Zweigfirma des Unternehmens in einem relativ wichtigen Land in Lateinamerika befördert.

Im Westen, wo die Beziehungen weit weniger formal sind, mag der Pate als Informationsquelle über den Nachwuchs vielleicht nicht wichtig erscheinen. Wir brauchen aber ebenso wie die Japaner – wenn nicht dringender – einen erfahrenen Manager, der in den ersten zehn Berufsjahren des Nachwuchses als menschlicher Kontakt, Zuhörer und Mentor fungiert. Heute ist vielleicht die größte Beschwerde der jungen Leute in großen Organisationen, daß es niemand gibt, der ihnen zuhört, der versucht, herauszubekommen, wer sie sind und womit sie sich beschäftigen, daß niemand ihr Pate ist. Die Vorstellung, die sich in all unseren Büchern über Management findet, daß der Abteilungsleiter diese Rolle übernehmen könnte, ist blanker Unsinn. Der Abteilungsleiter hat dafür zu sorgen, daß die Arbeit erledigt wird. All das Gerede, daß »die erste Aufgabe des Abteilungsleiters die menschlichen Beziehungen« sind, macht das auch noch nicht zu Realität. Ein Abteilungsleiter wird vor allem notgedrungen sein bestes tun, um einen guten Mann zu halten, statt ihn weggehen zu lassen. Er wird nie sagen: »Sie haben alles gelernt, was es hier zu lernen gibt.« Er wird nicht sagen: »Sie machen Ihre Sache zwar gut, aber Sie gehören nicht hierher.« Er wird einen jungen Mann nicht fragen: »Wohin wollen Sie, welche Arbeit möchten Sie, und wie kann ich Ihnen helfen, damit Sie sie bekommen?« Der Abteilungsleiter muß sogar fast zwangsläufig jede Andeutung eines Versetzungswunsches durch einen jungen Mann, der ein fähiger Untergebener in Management oder Verwaltung ist, als direkte Kritik und Angriff auf seine Person betrachten. Das Ergebnis davon ist, daß die jungen Manager und Verwaltungsfachleute in der Geschäftswelt und Industrie Amerikas (Europas ebenso) sich für die »Wahl mit den Füßen« entscheiden.

Sie kündigen und suchen sich eine andere Stelle. Das Fehlen eines menschlichen Kontakts, eines Mentors, Beraters, der zuhört, ist einer der Hauptgründe für die starke Fluktuation unserer jungen Leitungskräfte. Bei jedem Gespräch mit ihnen hört man: »Gegen die Firma habe ich nichts, aber ich kann mit niemand reden.«, oder: »Gegen die Firma habe ich nichts, aber ich sitze am falschen Platz und komme nicht davon los.« »Ich brauche jemand, der mir sagt, was ich richtig mache und was falsch, und wohin ich wirklich gehöre, aber es gibt in der Firma niemand, an den ich mich wenden kann.« Diese Leute brauchen keinen Psychologen, sondern eine menschliche Beziehung mit dem Schwerpunkt auf Beruf und Arbeit, eine Person, die für den Einzelnen verfügbar und zugänglich ist und sich um ihn Gedanken macht. Eine solche Instanz mußten die Japaner – gerade wegen der unpersönlichen Formalität ihres starren Systems – schon vor langer Zeit einrichten. Da sie offiziell nicht zugeben können, daß dieses System existiert, haben sie es richtig aufgebaut, denn es ist deutlich eine Stärke dieses Systems, daß der Pate für seine Funktion keine Planstelle hat, daß sie nicht zur Arbeit der Personalabteilung gehört und nicht »Spezialisten« anvertraut wird, sondern daß im Gegenteil erfahrene, geachtete und erfolgreiche Manager dafür verantwortlich sind.

Es sind jedoch nicht nur die jungen Leute in den Firmen Amerikas und Europas, die einen menschlichen Kontakt, einen Ratgeber, einen »Führer für die Verwirrten« brauchen. Heute ist es für die Manager mit längerer Berufserfahrung noch wichtiger, eine Verbindung zum Nachwuchs herzustellen. Der Zustrom junger, voll ausgebildeter Leute fängt gerade erst an, denn erst jetzt macht sich die kombinierte Auswirkung des »Baby-Booms« und der »Bildungsexplosion« der Nachkriegszeit auch in den Reihen der Manager bemerkbar. Von jetzt an werden die Berufsanfänger in Management und Verwaltung sowie in den technischen Berufen im Vergleich mit der Zeit, in der die Universitätsabsolventen noch aus relativ geburtenschwachen Jahrgängen kamen, zahlenmäßig stark zuwachsen, und wir wissen zwar nur wenig über die Jugend, aber wir wissen, daß sie anders ist – in ihren Erwartungen, ihren Erfahrungen, ihrer Kenntnis der Welt und ihren Bedürfnissen.

In einer Anzahl von Firmen, besonders in großen, mit denen ich in den letzten Jahren zusammengearbeitet habe, ist der Versuch unternommen worden, außerhalb der regulären Arbeitszeit leitende Angestellte mit jüngeren Leuten zu informellen, von Autorität und Zuständigkeit unberührten Treffen zusammenzuführen. Bei diesen Sitzungen hält der erfahrenere Kollege keine Rede oder »kommuniziert« mit den jungen Leuten. Er stellt vielmehr die Frage: »Und was haben Sie mir zu erzählen – über Ihre Arbeit, über Ihre Pläne für sich selbst und in der Firma, über Ihre Möglichkeiten und Probleme?« Diese Begegnungen waren nicht immer ganz zwanglos. Die jungen Leute aber, die zunächst äußerst mißtrauisch waren, weil sie befürchteten, von oben herab behandelt zu werden, begannen bald, sich auf diese Begegnungen zu freuen und sie sogar lautstark zu verlangen. Die wirklichen Nutznießer davon aber waren die leitenden Angestellten. Das Patenkonzept der Japaner mag für uns im Westen zu paternalistisch sein; vielleicht ist es sogar zu paternalistisch für die jungen Japaner. Daß aber der Nachwuchs in Management und Verwaltung die Kollegen mit mehr Berufserfahrung besonders beschäftigen sollte, ist jedoch eine Idee, die uns viel Nutzen bringen könnte, besonders in diesem Zeitalter des »Generationenkonflikts« und der Verschiebung von einer mit der Hand arbeitenden Arbeiterschaft zu einer hochqualifizierten Arbeiterschaft, die mit ihrem Wissen arbeitet.

Jeder japanische Manager oder Verwaltungsfachmann, der diesen Artikel gelesen hat, wird sich darüber beschweren, daß ich darin übermäßig vereinfache und den größten Teil der charakteristischen Merkmale des japanischen Managements ausgelassen habe. Jeder westliche Japan-Kenner, der bis hierher gelesen hat, wird mir vorwerfen, ich sei unkritisch. Das Ziel dieses Artikels war jedoch nicht eine wissenschaftliche Analyse des japanischen Managements, und er sollte nicht einmal einen Versuch darstellen, seine Leistungen zu erklären. Die zahlreichen Frustrationen der jungen Manager Japans und die ungeheuren Spannungen, die Japans wirtschaftlicher Erfolg in der japanischen Wirtschaft und Gesellschaft zur Folge hatte, sind mir voll bewußt. Diese Spannungen sind so groß, daß ich all den gegenwärtigen Prognosen, »das 21. Jahrhundert wird das Jahrhundert der Japaner werden«, mit größter Skepsis gegenüberstehe. (Wenn ich ein Japaner wäre, würden mir diese Prognosen sogar eine ungeheure Angst einflößen.)

Es ist zweifelhaft, ob irgendjemand aus den Fehlern von anderen lernen kann, aber aus dem Erfolg anderer kann man sicher lernen. Die hier diskutierten japanischen Ansätze sind sicher nicht der »Schlüssel« für Japans Leistung; sie haben aber wesentlich dazu beigetragen. Sie sind sicher auch nicht die »Lösung« der Probleme des Westens. Ich behaupte jedoch, daß sie Antworten auf manche unserer bedrängendsten Fragen enthalten und zur Abdeckung unserer dringlichsten Bedürfnisse beitragen können; außerdem zeigen sie in Richtungen, mit denen wir uns näher befassen sollten, wenn wir klug sind. Es wäre tatsächlich töricht, die Japaner zu imitieren, aber wir könnten versuchen, ihnen nachzueifern.

# Wolken vor der japanischen Sonne
### (W.S.J., 13. 7. 1982)

Die japanische Regierung hat kürzlich ihre Wirtschaftswachstumsprognose für das Jahr 1982 von 5 % auf 2.5 % reduziert. Auch diese Einschätzung aber könnte sich als zu optimistisch erweisen, da das Bruttosozialprodukt (BSP) im ersten Quartal dieses Jahres um 3.5 % fiel – die erste Abnahme seit fast dreißig Jahren. Eine Wachstumsrate von 2.5 % mag zwar im Vergleich mit den Wachstumsraten in den U.S.A., Kanada und Westeuropa noch recht günstig abzuschneiden scheinen, ist aber nur ein Drittel der durchschnittlichen Wachstumsrate während der vergangenen fünfundzwanzig Jahre, und außerdem liegt sie weit unter der Rate, die nötig wäre, um den Zuwachs der Arbeitnehmeranzahl aufzufangen.

Die offizielle Arbeitslosenrate in Japan liegt unter drei Prozent. Mindestens ebenso viel Arbeitnehmer aber sind in Wirklichkeit »bezahlte Arbeitslose« – eigentlich nicht an dem Arbeitsprozeß beteiligt, aber wegen einer »Lebenszeitstellung« weiter Lohnempfänger.

Die Produktivität steigt zwar in Japan noch immer schneller als in jeder anderen Industrienation, aber auf der anderen Seite ist auch hier die Steigerungsrate nur noch halb so hoch wie vor wenigen Jahren. Es läßt sich sogar feststellen, daß die Produktivität in Japan stärker abgenommen hat als in den U.S.A. oder Westeuropa. Die Spareinlagen sind zwar in Japan so hoch wie nirgends sonst auf der Welt, aber im Vergleich mit den 1970er Jahren haben sie um ein volles Drittel abgenommen und könnten jetzt unter der Kapitalbildungsrate liegen, die das Land braucht. Dazu kommt noch, daß trotz einer deutlichen Unterbewertung des Yen der Export abnimmt.

Die Japaner neigen dazu, allen möglichen »fremden Teufeln« die Schuld an ihren wirtschaftlichen Schwierigkeiten in die Schuhe zu schieben: der OPEC, der Zinspolitik der U.S.A., Protektionsmaßnahmen gegen japanische Produkte oder der weltweiten Rezession. Immer mehr geben jedoch japanische Ökonomen, Regierungsbeamte, Geschäftsleute und hier und da sogar ein Gewerkschaftsführer zu, daß der hauptsächliche »Teufel« im eigenen Land zu suchen ist, der übrigens auch alle anderen entwickelten nichtkommunistischen Länder plagt: unkontrollierte Regierungsausgaben und steigende Regierungsdefizite.

Während der Jahre mit einem starken Wirtschaftswachstum, das vom Anfang der 1950er Jahre bis zur Mitte der 1970er Jahre anhielt, war der japanische Haushalt ausgeglichen oder sogar leicht im

Plus. 1975–76 geriet das japanische Budget in den Defizit, und prompt begann sich die wirtschaftliche Entwicklung zu verlangsamen. Inzwischen ist das Defizit mehr als dreimal so hoch wie vor sieben Jahren. Sowohl pro Kopf der Bevölkerung als auch als Anteil des BSP ist es höher als in irgendeinem anderen hochindustrialisierten Land außer Kanada.

## Herausdrängung des Privatsektors

Ebenso wie in den hochentwickelten Ländern des Westens beginnt die Regierung in Japan nun, Privatanleihen aus den Kapitalmärkten zu verdrängen, und das gerade dann, wenn in Japan umfangreiche Investitionen in den Bereichen Automation, neue Technologien sowie Kapital-Anlagen für Fertigungsgüter im Ausland nötig wären, um die japanischen Brückenköpfe auf den westlichen Märkten zu sichern.
Während einer kürzlich durchgeführten dreiwöchigen Japanreise hörte ich japanische Freunde immer und immer wieder sagen: »In vier oder fünf Jahren werden wir von der ›japanischen Krankheit‹ sprechen, wie wir vor zehn Jahren von der ›englischen Krankheit‹ und vor drei Jahren von der ›amerikanischen Krankheit‹ gesprochen haben. Und überall in der Welt wird die Frage gestellt werden: ›Was ist denn nur mit dem japanischen Management passiert?‹«

Die »Schuldigen« in Japan sind weder die Verteidigungsausgaben – noch immer weniger als ein Prozent des BSP – noch der im Grund noch im Embryonalzustand befindliche Wohlfahrtsstaat mit seinen Transfer-Leistungen. Der Hauptschuldige ist die staatliche japanische nationale Eisenbahn (JNR), deren Defizit allein 18% des japanischen Haushalts ausmacht.

In der JNR finden wir eine groteske Parodie des japanischen Managements und seiner Spitzenleistungen, von denen wir so viel hören, und das in einem Betrieb, der der größte Arbeitgeber Japans ist. Von allen großen Unternehmen in der nicht-kommunistischen Welt – vielleicht außer dem British National Coal Board und British Motors – sind hier die Beziehungen zu den Arbeitnehmern am unharmonischsten. Seine Personalstärke ist geradezu grotesk hoch, und kein anderes Bahnsystem der Welt hat pro gefahrenen Kilometer auch nur annähernd soviel Personal.

Die JNR hat praktisch den gesamten Güterverkehr Japans verloren. In Japan werden weniger als 8% der Güter auf Schienen transportiert, in den U.S.A. dagegen ungefähr 40%. Nun nehmen auch die Passagierzahlen rapide ab, denn die Bahnkunden benutzen immer mehr die privaten Bahngesellschaften, deren Geleise im Bereich der großen Städte oft parallel zu den Schienen der JNR geführt sind.

Ein gefährlicheres und politisch weniger leicht lösbares Problem verbirgt sich in Japans altersmäßiger Strukturierung, die in einem Veränderungsprozeß begriffen ist. Noch vor zwölf Jahren war Japan durchschnittlich bei weitem das jüngste unter den entwickelten Ländern: weniger als 7 % der Bevölkerung war über 65. Auch heute liegt dieser Anteil noch unter 10 %, also niedriger als im Westen, aber der Unterschied wird immer geringer. Bis spätestens 1987 wird Japan die gleiche Altersstruktur wie der Westen haben, und 11.5 % bis 12 % der Bevölkerung wird über 65 sein. Trotzdem ist das Pensionierungs- und Rentenalter noch immer auf 55 Jahre festgelegt – obwohl die Lebenserwartung von unter fünfzig Jahren im Jahr 1950 bis heute auf vierundsiebzig Jahre gestiegen ist. Das Ergebnis ist eine Explosion der Kosten für die Altersversorgung in Japan.

Private Aufwendungen für Rentenversicherungen und Sozialversicherungen waren früher einmal sehr niedrig, aber jetzt steigen sie ebenso schnell wie in den 70er Jahren in Amerika. Die Pensionen der Regierungsbeamten sind ungeheuer hoch. Der typische Regierungsangestellte erhält nach seiner Pensionierung im Alter von 55 Jahren eine Pension in Höhe seines vollen Gehalts bis an sein Lebensende, und dazu genießt er noch steuerliche Vorteile und erhält sonstige Vergünstigungen.

Was den aufmerksamen Japanern jedoch die größten Sorgen macht, sind nicht diese konkreten Probleme, sondern der Mangel an theoretischen und politischen Hilfsmitteln, um sie zu bewältigen. Es hat sich eine Unruhe und Unsicherheit, ja Besorgnis darüber ausgebreitet, daß sich die Verhältnisse

beharrlich nicht so entwickeln, »wie sie das sollten«.

Ein Grund dafür ist, daß wirtschaftspolitische
Maßnahmen, die in den vergangenen dreißig Jahren so erfolgreich waren, einfach nicht mehr greifen wollen.

Anfang der 1950er Jahre hat man in Japan eine
Wirtschaftspolitik entwickelt und bis Ende der
1970er Jahre angewendet, die als »angebotsorientierte Wirtschaft« bekanntgeworden ist. Für die
Ausarbeitung des Haushalts wurde jedes Jahr die
Wirtschaftswachstumsrate auf der Basis der verfügbaren Arbeitskraft und der erwarteten Produktivitätssteigerung kalkuliert. Dann wurden die
Steuern so weit *gesenkt* , um gerade noch genug
Überschuß zur Finanzierung dieser Wachstumsrate zu produzieren. So stiegen die Steuereinkünfte
Jahr um Jahr genug, um den Haushalt ausgeglichen
zu halten. Das aber hat sich nun geändert. Stattdessen wurde die Diskrepanz zwischen realen und veranschlagten Steuereinkünften jedes Jahr größer,
wie das in den U.S.A. und Westeuropa ja auch der
Fall ist. In diesem Jahr werden mindestens $ 17
Milliarden weniger Steuern eingenommen, als vorher veranschlagt – und im letzten Jahr waren es $
13 Milliarden, und damit ein volles Sechstel des
veranschlagten Haushaltsvolumens.

Zusätzlich dazu ist man in der japanischen Wirtschaftspolitik fast dreißig Jahre lang davon ausgegangen, daß eine Verschlechterung der wirtschaftlichen Verhältnisse im Inland durch eine Ankurbe-

lung des Exports mit Erfolg aufgefangen werden kann. So hat Japan in den letzten vier Jahren – bis vor ungefähr einem halben Jahr (Anm. d. Übers.: Also bis ungefähr Anfang 1982) – tatsächlich trotz einer stagnierenden Wirtschaft im Inland den größten Export-Boom seiner Geschichte erlebt. Und trotzdem bleibt der Binnenmarkt noch ganz flau.

Noch bedrohlicher für die Japaner ist die Gefahr, daß sie ihre Fähigkeit zu einem nationalen Konsens in wirtschaftlichen Fragen verlieren könnten. Als ich vor zwei Jahren Japan zum vorletzten Mal besucht habe, hatte man trotz all der Skandale, trotz allem Zynismus über »die Politiker« und trotz aller Berichte über die Arroganz der Bürokraten noch Vertrauen zur Regierung. Selbst heute stehen die Japaner der Klugheit, Effektivität und den guten Absichten der Regierung noch nicht so skeptisch gegenüber wie die Amerikaner und Europäer, aber es sieht so aus, als seien sie auf dem besten Weg dazu.

Während dieser Reise saß ich bei einer öffentlichen Versammlung neben einem prominenten japanischen Wirtschaftswissenschaftler, der selbst der Regierung nahestand, auf einem Podium. Er unterhielt ein Publikum von 300 Wirtschaftsführern mit Geschichten über die Ineffizienz, Inkompetenz, Verschwendung und Dummheit der Regierung – und das Publikum brüllte vor Lachen. Noch vor zwei Jahren wäre es für einen Japaner undenkbar gewesen, in Anwesenheit eines Ausländers eine solche Rede zu halten.

Praktisch alle, mit denen ich gesprochen habe, sind fest davon überzeugt, daß Japan in den nächsten Jahren lebenswichtige Entscheidungen wird treffen müssen. Die offizielle Wirtschaftspolitik der Regierung, der sich Premierminister Suzuki verpflichtet hat, ist eine japanische Version der »Reaganomics«, die darauf abzielt, bis 1984 einen ausgeglichenen Haushalt zu präsentieren (ein Ziel, das man bereits als unerreichbar erkannt hat). In ihr ist ein Stop der Kostensteigerungen sowohl im Bereich der Altersversorgung als auch der medizinischen Versicherung vorgesehen. Vor allem aber soll die JNR und mit ihr Japans größte, politisch mächtigste und militanteste Gewerkschaft in einzelne Teile zerlegt werden, die dann den Präfekturen und großen Städten übergeben werden sollen. Und dann sollten jeweils die lokalen Regierungsgremien entscheiden, ob sie bereit sind, lokal Steuern zur Abdeckung der Defizite der Bahn zu erheben, oder ob sie unwirtschaftliche Strecken schließen und damit die Stellenzahlen verringern wollen.

Der von dem mächtigen Ministerium für Internationalen Handel und Industrie vorgelegte Gegenvorschlag könnte als Japans »Jimmy-Carter-Programm« bezeichnet werden: Reflation und Steigerung des Defizits im Inland mit gleichzeitiger Abwertung des Yen zur Unterstützung des Exports. Die Vertreter dieser Politik befürchten, daß eine Zerlegung der JNR und eine Einfrierung der Pensionen – falls überhaupt politisch machbar – Japans gefährdeten Arbeitsfrieden schwer stören und zugleich die Hauptlast den Ärmsten übertragen würde, wie zum Beispiel den isolierten Bergdörfern, die mit der Außenwelt nur über eine völlig unwirtschaftliche Nebenlinie verbunden sind.

Im Lager des Premierministers befürchtet man, daß der Arbeitsfrieden durch Reflation noch schwerer gestört würde. Es ist gerade acht Jahre her, daß Japan unter größter Anstrengung einen virulenten Anfall von Inflation überwinden konnte; eine Wiederholung dieser Anstrengung wäre ohne Einschränkungen bei den Lohnerhöhungen und der Einkommenssteigerung der Konsumenten nicht möglich. Außerdem könnte Reflation und Abwertung vielleicht den wenigen großen Gesellschaften helfen, die exportieren, aber die 80 % der japanischen Betriebe und der Arbeiterschaft, die ausschließlich für den Inlandsmarkt produzieren, müßten eine Senkung ihres Realeinkommens hinnehmen. »Das schlimmste dabei ist«, sagt ein bekannter Wirtschaftsfachmann der Regierung, »daß wahrscheinlich beide Lager recht haben.«

*Unterschätzung durch den Westen*

Seit 75 Jahren – seit dem Krieg zwischen Rußland und Japan, in dem in Europa und Amerika jeder einen mühelosen russischen Sieg erwartete – hat der Westen die Japaner ständig unterschätzt. Es wäre leicht, diesen Fehler zu wiederholen, und es wäre sehr gefährlich. Selbst wenn sich Japan der weltweiten »Stagflation« anschließt, wird seine Konkurrenzfähigkeit, besonders auf dem Gebiet der hochentwickelten Technologie, dadurch nicht geringer werden. Japan hat sich im Gegenteil im Verlauf der letzten Dekade einen technologischen Apparat aufgebaut, dessen Kraft in der Konkurrenz des internationalen Markts kaum spürbar geworden ist.

Seit 1970 hat sich die Anzahl der jedes Jahr ausgebildeten Ingenieure in Japan verdreifacht, während in den U.S.A. zwar die Anzahl der Juristen um das dreifache zugenommen, aber die der Ingenieure sogar abgenommen hat. Heute erreichen in Japan im Ingenieurswesen ebenso viel Studenten wie in ganz Westeuropa und mindestens soviel wie in den Vereinigten Staaten ihren Abschluß, und da sie den Abschluß erst kürzlich erreicht haben, haben sie zum größten Teil kaum angefangen, zu produzieren.

Außerdem hat Japan im Verlauf seiner Geschichte immer wieder seine Fähigkeit unter Beweis gestellt, sich der Realität zu stellen und schwere und unangenehme Entscheidungen zu treffen. Es scheint sogar ein Teil der japanischen Tradition und des Nationalcharakters dieses Landes zu sein, schwere Entscheidungen, die Opfer verlangen, zu begrüßen.

Vor allem aber bleibt die große Stärke, die hinter dem Aufstieg der japanischen Wirtschaft in den letzten dreißig Jahren stand: die Entdeckung eines geschlagenen und demoralisierten Japan nach dem 2. Weltkrieg, daß Menschen, vom untersten Hausmeister bis zum Direktor der Firma, der einzige wahre Rohstoff eines Landes und einer Gesellschaft sind. Während in den Vereinigten Staaten nun versucht wird, japanische Methoden zu imitieren und den Arbeiter von gestern, den manuellen Arbeiter, qualitativ aufzuwerten, wollten die Teilnehmer an meinen Seminaren in den letzten Wochen in Japan alle etwas darüber erfahren, wie der Arbeiter von morgen, dessen Stärke das Wissen ist, produktiv gemacht werden kann.

Japan steht jedoch trotz alledem am Scheideweg: innerhalb von wenigen kurzen Jahren und während eine neue Generation ihre Vorgänger, die Japan nach dem 2. Weltkrieg aufgebaut hat, langsam ablöst, werden Entscheidungen getroffen werden müssen, die aller Wahrscheinlichkeit nach die Richtung und Leistungsfähigkeit der japanischen Wirtschaft in den nächsten 20 oder 30 Jahren bestimmen werden.

# Der Niedergang des Opec-Kartells

## (W.S.J., 26. 11. 1982)

Seitdem die OPEC 1973 die Ölpreise vervierfacht hat, sind die von den Mitgliedsstaaten geförderten Ölmengen stark zurückgegangen, und selbst die Preise sind ins Wanken geraten.

Um die Vorgänge in der OPEC besser verstehen zu können, ist es hilfreich, noch einmal die Gesetze der Kartelltheorie zu rekapitulieren, die 1905 von einem jungen deutschen Volkswirtschaftler namens Robert Liefmann zum erstenmal in seinem Buch »Die Kartelle« niedergelegt worden und seitdem durch sämtliche Entwicklungen bestätigt worden sind.

Das erste dieser Gesetze besagt, daß ein Kartell immer aus einer Schwäche entsteht. Wachsende Industrien bilden keine Kartelle, sondern ausschließlich absteigende.

Man nahm zunächst an, dieses Gesetz würde für die OPEC nicht gelten. Man ging davon aus, die OPEC könnte die Ölpreise in astronomische Höhen anheben, weil der Ölverbrauch exponential angestiegen war und man erwartete, daß er noch schneller steigen würde.

In einer nach der Preisexplosion von 1973 durchgeführten Studie nach der anderen aber zeigte sich,
daß die Abhängigkeit der entwickelten Länder
vom Erdöl schon *vorher* nachgelassen hatte. Von
1950 bis 1973 hat sich die Zuwachseinheit Energie,
die für die Herstellung einer Zuwachseinheit Industrieproduktion gebraucht wird, um 1,5 % pro Jahr
verringert; von 1973 an hat sie noch weit schneller
abgenommen.

Im Transportwesen gilt das gleiche. Seit 1960 hat
die Energiemenge, die für den Transport einer Ge-
wichtseinheit pro Kilometer verbraucht wird, sowohl im Personen- als auch im Güterverkehr deutlich abgenommen, das ist vor allem auf den Übergang zu Düsenflugzeugen, die Entwicklung von
Dieselmotoren für Busse und LKWs sowie von
kompakteren und leistungsfähigeren Autos zurückzuführen. Selbst in dem dritten großen Bereich des Energieverbrauchs, dem der Heizung und
der Klimaanlagen, war seit 1970 keine Steigerung
pro Zuwachseinheit mehr zu verzeichnen.

*Langsameres Wachstum
als das Bruttosozialprodukt*

Am wesentlichsten ist vielleicht die Tatsache, daß
in der ersten Hälfte des Jahrhunderts der Energie-
verbrauch schneller gestiegen ist als das BSP, seit
1950 dagegen langsamer. In den industrialisierten
Ländern wurde 1982 für die Produktion einer BSP-

Einheit 26% weniger Öl verbraucht als neun Jahre davor.

Die relative Abnahme des Ölverbrauchs ist ein Indiz dafür, daß die Industrie während Wirtschaftskrisen stärker nachläßt als die allgemeine Wirtschaft, sich aber bei einem Aufschwung weniger erholt.

Nach dem zweiten grundsätzlichen Gesetz der Kartelltheorie wird ein Kartell, wenn es ihm gelingt, den Preis einer Ware anzuheben, die Preise aller anderen Waren in der gleichen allgemeinen Kategorie herunterdrücken.

Als die OPEC 1973 die Ölpreise anhob, war man allgemein davon überzeugt, daß die Preise in allen anderen Primärbereichen – landwirtschaftliche Produkte, Metalle und Rohstoffe – parallel mit dem Ölpreis steigen würden. Ein Jahr später aber begannen die Preise aller anderen Primärprodukte zu fallen. Sie sind seitdem stetig weitergefallen.

Der Anteil des disponiblen Einkommens, den die entwickelten Länder für alle Primärprodukte, einschließlich Erdöl, ausgeben, ist heute sogar geringer als 1973, und die Handelsbedingungen sind für die Produzenten der Primärprodukte ungünstiger als vor zehn Jahren. Sie sind fast so ungünstig wie während der großen Rohstoffdepression Anfang der 1930er Jahre.

Ein überraschendes Ergebnis davon ist, daß Japan, wo die OPEC und der »Ölschock« die größte Panik ausgelöst hatte, sogar von der OPEC profitiert hat, während die Vereinigten Staaten ihr hauptsächliches Opfer waren. Japan importiert zwar sein gesamtes Öl, aber das beläuft sich nur auf 10 % seines Gesamtimports, dessen Rest vor allem aus Primärprodukten wie Nahrungsmittel, Baumwolle, Holz, Metalle und Mineralien besteht. Ihre Preise haben sich gesenkt.

Die Vereinigten Staaten dagegen sind der größte Exporteur von Primärprodukten (außer Erdöl), deren Preise ohne die OPEC viel höher wären.

Nach dem dritten Gesetz beginnt sich ein Kartell dann aufzulösen, wenn sein stärkstes Mitglied – der größte und billigste Produzent – gezwungen ist, zur Unterstützung der kleineren und schwächeren Mitglieder seine Produktion um 40 % zu drosseln. Selbst ein sehr starker Produzent kann in der Regel nicht tiefer gehen. Die schwächeren Mitglieder werden dann gezwungen sein, zur Aufrechterhaltung ihrer Produktion die Kartellpreise zu unterbieten. Schließlich wird jeder gegen jeden bieten, und das Kartell bricht zusammen, oder das stärkste Mitglied wird seine kostengünstigere Lage dazu benutzen, die schwächeren und kleineren Mitglieder vom Markt zu verdrängen.

Die OPEC hatte ein einmaliges Glück. Ihr zweitstärkstes Mitglied Iran war durch Revolution und Krieg gezwungen, die Produktion um mehr als 50 % zu drosseln. Trotzdem mußte der größte Produzent Saudi-Arabien seine Produktion ebenfalls um mehr als 40 % drosseln, um den Zusammenbruch des Kartellpreises zu verhindern. Wie in der Theorie vorausgesehen haben die anderen, schwächeren Mitglieder begonnen, Erdöl auf dem »grauen Markt« mit erheblichen Rabatten zu verkaufen, die bis zu 15 % unter dem offiziellen Preis liegen. In der Zwischenzeit hat die OPEC, wie das in dem dritten Gesetz der Kartelltheorie vorausgesagt wird, ihre Beherrschung des Ölmarkts verloren. »Jedes Kartell unterminiert die Marktbeteiligung seiner Mitglieder innerhalb von ungefähr zehn Jahren.«, stellte Liefmann 1905 fest. 1973 belief sich der Anteil der OPEC an den Öllieferungen der industrialisierten Länder auf fast 60 %. Dieser Anteil ist innerhalb von neun Jahren auf 45 % gesunken. Wie in der Kartelltheorie vorausgesagt, verliert die OPEC Marktanteile an neue Ölproduzenten wie Mexiko, Gabon und die Länder, die das Nordseeöl fördern und die der Organisation nicht angehören.

*Instabile Bereiche*

Nach dem letzten Gesetz schädigt schließlich ein Kartell die Position seines Produkts permanent, wenn es nicht die Preise stetig und systematisch senkt – wie das bei den einzigen langlebigen Monopolisten der Geschichte, dem Sprengstoffkartell vor dem ersten Weltkrieg und dem Bell Telephone System von 1910 bis 1970 der Fall war. Nach den Erfahrungen mit den meisten Kartellen der Vergangenheit aber, wie zum Beispiel dem europäischen Stahl-Kartell zwischen den Weltkriegen, wäre zu vermuten, daß Öl bei einer Verteuerung schnell

Marktanteile verlieren, sie aber nicht zurücker-
obern wird, wenn die Preise wieder fallen.

Es wäre kurzsichtig, die charakteristischen Merkmale, die die OPEC von anderen Kartellen unterscheidet, zu ignorieren. Das wichtigste von ihnen
ist sicherlich geopolitischer Art: Ein großer Teil
des Erdöls der Welt, und besonders des Öls mit
niedrigen Erschließungs- und Produktionskosten,
kommt aus politisch instabilen Bereichen. Es wäre
gut möglich, daß sich die entwickelten Länder für
kostspieligere, aber sicherere Kohlenwasserstoff-
quellen entscheiden: zum Beispiel Erdgas aus der
Sowjetunion für Westeuropa oder mexikanisches
Öl für die strategischen Erdölreserven der Vereinigten Staaten. Eine Entscheidung der Verbraucher
aber, einen höheren Preis als politische Versicherung zu bezahlen, könnte den Rückgang des Ver-
brauchs und damit die Verringerung der Abhängigkeit von Erdöl nur beschleunigen.

Man kann die Prognosen aller Energie-Experten
noch nicht von der Hand weisen, daß der Ölmarkt
anders ist und die OPEC ein anderes Verhalten an
den Tag legen wird als die übrigen Kartelle. Das
wird sich zeigen, wenn es in den entwickelten Ländern zu dem ersten anhaltenden wirtschaftlichen
Aufschwung kommt. Wir werden dann wissen, ob
der Ölverbrauch ebenso schnell wie das Bruttosozialprodukt steigen wird, oder, wie die Kartelltheorie voraussagt, weit langsamer oder vielleicht gar
nicht.

# Versinken die Gewerkschaften in Bedeutungslosigkeit?

*(W.S.J., 22. 9. 1982)*

Im Verlauf der vergangenen 18 Monate haben mich drei bekannte Gewerkschaftsführer aufgesucht, um sich von mir beraten zu lassen – der Vorsitzende einer großen Gewerkschaft von Regierungsangestellten, der Vorsitzende einer großen Gewerkschaft in der Grundstoffindustrie und der Vorsitzende eines großen Bezirksverbands einer Gewerkschaft aus der Massenfertigungsindustrie. Jeder von ihnen trug mir seine spezifischen Probleme vor, aber jeder stellte mir auch die Frage, ob die Gewerkschaft in Amerika noch eine echte Funktion hat oder ob sie in die Bedeutungslosigkeit versinkt. Jeder von diesen Männern ist davon überzeugt, daß die Gewerkschaftsbewegung neue Positionen beziehen und Maßnahmen ergreifen muß, die mit ihren Traditionen, ihren bisherigen Verpflichtungen und ihren Parolen unvereinbar sind, wenn sie weiter als Sprecher, Vertreter und Verteidiger der Arbeiterschaft akzeptiert werden will.

»Es ist unser ganzer Stolz«, sagte der Gewerkschaftsfunktionär aus der Massenfertigungsindustrie, »daß unser gesamtes Lohnpaket 30% oder 40% umfangreicher ist als das durchschnittliche Lohnpaket in der amerikanischen Fertigungsindustrie. Hätten wir aber in unserer Industrie auch dann eine Arbeitslosigkeit in Rekordhöhe – die fast die Arbeitslosigkeit während der Depression erreicht – wenn diese 30% oder 40% für die Modernisierung der Fabriken statt für Löhne und Sozialleistungen verwendet worden wären? Ich weiß, daß alle meine Kollegen in der Gewerkschaftsführung sich diese Frage stellen. Es traut sich aber niemand, mit ihr an die Öffentlichkeit zu treten – weil er sonst seinen Posten keine zehn Minuten mehr halten könnte.«

Vor zehn – selbst noch vor fünf – Jahren wurde jeder, der bei einem Gewerkschaftsführer »Kapitalbildung« oder »Produktivität« erwähnte, sofort als »Werkzeug der Unternehmer« abgestempelt. Bestenfalls wurde noch verkündet, solche Dinge gingen die Gewerkschaften nichts an, und damit solle sich die Firmenleitung befassen, »weil sie schließlich dafür bezahlt wird«. Inzwischen aber wird sowohl in den Gewerkschaften als auch außerhalb von ihnen nur noch von wenigen bestritten, daß das Wohl der Arbeiterschaft von Kapitalbildung und Produktivität abhängig ist – selbst sehr kurzfristig. Davon wird weithin bestimmt, wieviel Arbeitsplätze es gibt und wie sicher und gut bezahlt sie sein können.

Räumt man Kapitalbildung und Produktivität jedoch eine solche Bedeutung ein, so gibt man damit praktisch zu oder akzeptiert es zumindest, daß die Interessen von Arbeitgebern und Arbeitnehmern identisch sind – und das würde auf eine Verneinung der Existenzberechtigung der Gewerkschaften hinauslaufen. Bisher wurde von keinem Gewerkschaftsführer auch nur der Versuch unternommen, der Sorge um Kapitalbildung und Produktivität und damit um die Arbeitsplätze in Denken, Politik und Verhalten der Gewerkschaften einen Platz einzuräumen.

## »Das Recht auf zivilen Ungehorsam«

Eine zweite Herausforderung, vor der die Gewerkschaftsführung steht, ist die Möglichkeit, daß die Gewerkschaften die einzigartige Position, die sie in allen entwickelten nicht-kommunistischen Ländern erreicht haben, in Zukunft nicht mehr behalten können. Die Gewerkschaften sind, um einen traditionellen Terminus zu gebrauchen, zu einem »Stand« mit umfangreichen Befreiungen – zum Beispiel von Steuern und Schadensersatzansprüchen – und gesetzlichen Privilegien geworden, die sich nicht allzusehr von denen der Armee in Preußen oder der Kirche in Frankreich vor der Revolution unterscheiden. Es gibt keine andere Institution außerhalb der Regierung und Verwaltung, die so allgemein als »legitim« betrachtet wird, und indem wir das »Streikrecht« der Gewerkschaften akzeptieren und schützen, verleihen wir einer

Gruppierung in der Gesellschaft ein »Recht auf zivilen Ungehorsam«.

Das kommt daher, daß die Gewerkschaften von sich behaupten, mehr als eine »Interessenvertretung« zu sein. Sie nehmen vielmehr für sich in Anspruch, »die Sache der Arbeiter« zu vertreten. Sie verlangen »mehr« für ihre Angehörigen, wie das jede andere Interessenvertretung einer Gruppe, seien das nun Bauern, Drogisten oder Begräbnisunternehmer, auch tut, aber darüberhinaus stellen sie sich als die Helfer aller »unterprivilegierten« oder »ausgebeuteten« Gruppen der Gesellschaft dar. Die wahre Stärke der Arbeiterbewegung in den entwickelten Ländern ist ihr moralischer Anspruch – ihr Auftreten als politisches Gewissen in einer modernen säkularen Gesellschaft.

Wie der größte Teil meiner Freunde in der Gewerkschaftsbewegung einzusehen beginnt, läßt sich dieser Anspruch nun nicht mehr aufrechterhalten. Die Bevölkerungsstruktur ist im Begriff, ihn zu vernichten. Ganz gleich, wie schnell die Wirtschaft wächst, »mehr« für die Alten bedeutet unausweichlich »weniger« für die Jungen, die noch arbeiten – und umgekehrt. Einer meiner Freunde aus den Gewerkschaften, der Vorsitzende der Gewerkschaft für Regierungsangestellte, sagte mir dazu: »Der Generationskonflikt zwischen älteren und jüngeren Leuten wird in den nächsten fünfzig Jahren der zentrale soziale Konflikt sein, und nicht der Konflikt zwischen Unternehmertum und Arbeiterschaft.«

Heute gehen von jedem Dollar, der für die Bezahlung von Löhnen und Gehältern der Beschäftigten zur Verfügung steht, ungefähr 20 Cents für die Versorgung der Alten, also für Sozialversicherung und gesundheitliche Versorgung ab, die nicht mehr arbeiten. Wenn wir nichts unternehmen, wird dieser Betrag innerhalb von zehn Jahren wahrscheinlich bis auf 30 Cents steigen – teilweise, weil die Lebenserwartung stark angestiegen ist, und teilweise, weil die niedrigen Geburtenraten der vergangenen 20 Jahre die Anzahl von Jugendlichen beschränken, die ins Berufsleben eintreten.

Es ist kaum vorstellbar, daß die arbeitende Bevölkerung so hohe Leistungen an den nicht arbeitenden Teil hinnehmen wird. In den vergangenen Jahren haben wir ihre Billigung damit erkauft, daß Löhne und Gehälter ebenso schnell oder gar schneller wie die Sozialversicherungsabgaben oder die Zahlungen in die Pensions-Fonds angehoben wurden, aber dieser Weg ist uns inzwischen verschlossen. Da die Löhne und Gehälter schon 85 % des BSP verschlingen, bleibt nur noch die Inflation als Ausweg, aber damit wird sowohl bei den Alten im Ruhestand als auch bei der jüngeren arbeitenden Bevölkerung das reale Einkommen gesenkt. Wir werden uns darüber entscheiden müssen, ob die Pensionäre »mehr« bekommen sollen, was den jüngeren abgezogen werden müßte, oder ob die arbeitende Bevölkerung durch Maßnahmen wie eine Senkung der Leistungen bei vorzeitigem Eintritt in den Ruhestand, Reduzierung der Krankenversiche-

rungsleistungen und Hinaufsetzung des Ruhestandsalters »mehr« bekommt.

Wenn die Gewerkschaften dieses Dilemma ignorieren – wie das die meisten Gewerkschaftsführer
verständlicherweise gern tun möchten – werden
ihre Mitglieder notgedrungenerweise neue kon-
kurrierende Organisationen schaffen, die die Gewerkschaften umgehen und sie zur Bedeutungslosigkeit verdammen. Diese Tendenz läßt sich schon
jetzt bei Pensionären beobachten. Wenn die Gewerkschaften in diesem Konflikt jedoch Partei ergreifen, werden sie schon bald von innen heraus
zerbrechen. In beiden Fällen werden sie bald ihren
Anspruch, »die Sache der Arbeiter« zu vertreten,
ebenso verlieren wie ihre einzigartige Legitima-
tion.

Ein noch schwerwiegenderes Problem für die Gewerkschaften ergibt sich aus der Tatsache, daß die
Beschäftigten immer schneller die einzigen echten
»Kapitalisten« und die einzigen wahren »Besitzer
der Produktionsmittel« werden. In Japan wurde
das durch die »Lebenszeitstellung« erreicht, die
praktisch bedeutet, daß große Firmen außer im Fall
eines Bankrotts primär für die Beschäftigten betrieben werden, die nach traditioneller juristischer
Definition ihre »Nutznießer« sind.

In den Vereinigten Staaten, wo in den großen Firmen der Pensionsfond bis zu 50% des Firmenkapi-
tals ausmacht, sind die Beschäftigten die »wahren«
Eigentümer, und ihr Pensionsfond ist die hauptsächliche Kapitalquelle für produktive Investitio-

nen. Auf der anderen Seite ist das Rentenkonto in immer mehr amerikanischen Familien der größte Kapitalbesitz, wenn der Haushaltsvorstand 45 Jahre oder älter ist.

»Macht folgt Besitz« ist eines der ältesten und geprüftesten Gesetze der Politik. Beschäftigte – oder öffentliche Treuhandverwalter, die ihre Interessen vertreten und ihnen verantwortlich sind – werden aller Wahrscheinlichkeit für Überwachung und Verwaltung der Rentenfonds eingesetzt werden. Die einzige mögliche Alternative dazu ist die Kontrolle der Fonds durch die Regierung und ihre Beauftragten.

Das Ergebnis wird das sein, was die Gewerkschaften am meisten fürchten und wogegen sie sich am heftigsten wehren: ein Organ der Beschäftigten, das das gemeinsame Interesse von Arbeitgebern und Arbeitnehmern zum Ausdruck bringt, von den Gewerkschaften unabhängig ist und sie umgeht, und das unweigerlich gegen sie als »Außenseiter« Opposition beziehen wird. In Japan ist das praktisch schon geschehen. Dort hat die »Lebenszeitstellung« dadurch, daß sie die Mobilität der Arbeiterschaft beschränkt und damit die Bedrohung durch Streiks reduziert, die Gewerkschaften auf dem privaten Sektor entmachtet und aus ihnen kaum mehr als ein Werkzeug der Betriebsleitung gemacht. Eine Alternative für die Gewerkschaften ist ihr Anspruch, die Beschäftigten sowohl gegen die Firmenleitung als in der Firmenleitung zu vertreten – sei es nun durch »Mitbestimmung« wie in

Deutschland, durch Kontrolle und Verwaltung der Pensionsfonds, was die schwedischen Gewerkschaften jetzt verlangen, oder durch Sitze im Aufsichtsrat, wie zum Beispiel bei Chrysler in den U.S.A.

## Die Macht muß beschränkt werden

Auch »Verantwortung folgt auf die Macht« ist jedoch ein Gesetz der Politik. Wenn es mißachtet wird – wie das zum Beispiel bei den Gewerkschaftsangehörigen in der Verwaltung der Volkswagen-Werke der Fall war, die den Plan von Volkswagen hinauszögerten, eine Tochterfabrik in den Vereinigten Staaten zu bauen, weil das ein »Export von deutschen Arbeitsplätzen« gewesen wäre – ist ernster Schaden das Ergebnis. Im Fall von VW fiel der Marktanteil der Firma in Amerika von 8 % in 1969 bis heute auf weniger als 1 % – und damit wird das gesamte Unternehmen und damit auch die Arbeitsplätze in Deutschland ernsthaft bedroht.
Wenn die Vertreter der Gewerkschaften im Management und bei den Eigentümern jedoch verantwortlich handeln – das heißt im Interesse des Unternehmens – werden sie bald als »Strohmänner der Firmenleitung« abgestempelt und beschuldigt, sie hätten sich »an die Unternehmer verkauft«. Das ist mit den Gewerkschaftsvertretern im Vorstand der deutschen Kohle- und Stahl-Gesellschaf-

ten geschehen, und zur Zeit geschieht es mit den kanadischen Ablegern der nordamerikanischen Gewerkschaften in der Auto- und Stahlindustrie. In der politischen Geschichte gibt es einen Präzedenzfall für eine Lösung in diesem Konflikt: die verfassungsmäßige Bestimmung, die dem »Populus«, der arbeitenden Bevölkerung Roms, dadurch politische Macht einräumte, daß ihre Beauftragten mit einem Veto Pläne des patrizischen Senats durchkreuzen konnten. Es ist jedoch nicht ein Problem, das sich allein durch gute Absichten oder Parolen lösen ließe. Dafür ist vielmehr eine Neudefinierung von Rolle und Funktion der Gewerkschaften und ihre Wiedereinsetzung als Verkörperung der letztendlichen Einheit der Interessen von Arbeitgebern und Arbeitnehmern notwendig.

Das Management einer Institution, ganz gleich, ob sie eine Firma, eine Regierungsbehörde oder ein Krankenhaus ist, braucht deutliche Machtbefugnisse und Autorität – die auf den Bedürfnissen dieser Institutionen begründet sind und auf Kompetenz beruhen. Dabei muß dieser Macht, wie das in allen Verfassungen der freien Welt vorgesehen ist, eine andere Macht gegenüberstehen, die ein Gegengewicht zu ihr bildet und sie beschränkt. Die moderne Gesellschaft, eine Gesellschaft von Organisationen, die alle ein starkes Management brauchen, hat ein Organ wie die Gewerkschaften unbedingt nötig – die Ereignisse in Polen zeigen das wieder. Die Alternative ist eine unkontrollierte Regierungsbürokratie, die letztlich unkontrollierbar bleibt. Wollen die Gewerkschaften aber wieder zu einem dynamischen, effektiven, legitimen Organ werden, so müssen sie sich radikal umstellen. Sonst werden meine Freunde aus den Gewerkschaften recht behalten: Die Gewerkschaften werden in Bedeutungslosigkeit versinken.

# Wo die Gewerkschaften nun Flexibilität zeigen müssen

*(W.S.J., 23. 9. 1983)*

Innerhalb der nächsten zwei Jahre wird in der amerikanischen Schwerindustrie und metallverarbeitenden Industrie der langfristige Kurs festgelegt werden. Werden hier die Löhne weiter schrumpfen und die Arbeitsplätze weiter abnehmen – und das bei günstiger Wirtschaftslage sogar noch schneller, weil dann das Geld für die Automatisierung aufgebracht werden kann? Oder kann in diesem Industriezweig der Arbeitsmarkt stabilisiert und die Real-Löhne zumindest für eine deutliche Mehrheit der Beschäftigten auf der gleichen Höhe gehalten werden? Die Entscheidung muß von der Arbeiterschaft selbst und von ihren Gewerkschaften getroffen werden.

In dem unmittelbar vor uns liegenden Zeitraum müssen diese Gewerkschaften ihre Tarifvereinbarungen (*Contracts*) neu überprüfen. Sie haben keine Wahl; selbst wenn sich der Aufschwung als kurzfristig erweisen sollte, ist der innere Druck einfach zu hoch. Die Gewerkschaften werden sogar Härte zeigen müssen. Sie verlangen jedoch eine

Wiederherstellung der Verhältnisse vor der letzten Rezession und sogar mehr. Auf diesen Kurs haben sich praktisch alle Gewerkschaften in diesem Industriezweig festgelegt, und wenn sie ihn beibehalten, werden sie damit nichts erreichen als einen massiven Verlust von Arbeitsplätzen für ihre Mitglieder, und zwar höchstwahrscheinlich noch schneller als während der Rezession selbst; die Gewerkschaften selbst werden schnell schrumpfen und immer mehr an Bedeutung verlieren.

Die Produktivität in diesem Industriezweig muß erheblich gesteigert werden, aber im Grunde ist nicht eine mangelnde Produktivität für die mißliche Lage verantwortlich zu machen. Sicher hat Toyota pro produziertes Auto weit weniger Arbeiter auf den Lohnlisten als General Motors, aber Toyota kauft zweimal so viel – oder mehr – von Zulieferungsbetrieben. Wenn man das in der Statistik berücksichtigt, stellt sich heraus, daß die in Detroit produzierten Autos mit weniger Arbeitsstunden hergestellt werden. Jede dieser Arbeitsstunden aber kostet GM ungefähr 50% mehr als Toyota. Trotzdem sind bei Toyota in Nagoya oder bei Mercedes in Stuttgart keine »billigen Arbeitskräfte« beschäftigt; das gesamte jährliche Lohnpaket eines japanischen oder westdeutschen Arbeiters ist genauso groß wie das der meisten amerikanischen Industriearbeiter außerhalb der Schwerindustrie und metallverarbeitenden Industrie – unter Berücksichtigung aller Sozialleistungen ungefähr $ 30 000 pro Jahr oder $ 15 pro Stunde. In einem integrierten Stahlwerk in den U.S.A. dagegen – bei U.S. Steel, Bethlehem oder Armco zum Beispiel – kostet eine Arbeitsstunde $ 25. $ 15 davon werden für die normalen Lohnzahlungen und weitere $ 10 für Sozialleistungen verwendet. Ein voll beschäftigter Arbeiter kostet damit den Betrieb $ 50 000 im Jahr, und derart hohe Lohnkosten kann keine Industrie verkraften, wenn sie konkurrenzfähig bleiben will, wie sehr sie ihre Produktivität auch steigert.

Die Grundvoraussetzungen, die dahinter stehen – und die eigentlich weit wesentlicher sind als die konkreten Beträge – werden besonders von den niedrigeren Gewerkschaftsfunktionären und den Vorsitzenden der einzelnen Ortsverbände wie Glaubensbekenntnisse verteidigt. Es ist dies die Annahme, »die Großindustriellen« übten eine oligopolistische Kontrolle über den Markt aus und könnten damit immer und praktisch schrankenlos höhere Lohnkosten in Form von höheren Preisen weitergeben. Die alte Illusion, die »Kapitalisten« würden die Löhne von ihrem »Profit« bezahlen, hält sich hartnäckig – und das trotz der Tatsache, daß in einer entwickelten Wirtschaft Löhne und Gehälter ungefähr 85 % der Gesamteinkünfte ausmachen, die Profite dagegen höchstens 5 % oder 6 % erreichen. Die meisten Gewerkschaftsführer halten die Arbeiterschaft noch immer für homogen und scheinen davon auszugehen, daß sie nur aus erwachsenen Männern besteht, die voll beschäftigt sind und ihre Familien allein ernähren. Außerdem gibt es noch die festverwurzelte Überzeugung, daß der Wert einer Sozialleistung nicht davon bestimmt wird, was sie ihrem Empfänger bringt, sondern wieviel sie den Arbeitgeber kostet; kostet eine gegebene Leistung den Arbeitgeber mehr, so betrachtet man das automatisch als »Gewinn für den Arbeiter« und »Sieg für die Gewerkschaft«. Solche Annahmen waren vielleicht vor dreißig Jahren noch vertretbar, als der ausgezahlte Lohn allein noch 90 % der Bezüge der amerikanischen Arbeiter ausmachte, »Sozialleistungen« mit 6 % oder 7 % die Bezeichnung »Fransch« tatsächlich verdienten und man weithin davon überzeugt war, daß es bis 1980 in der amerikanischen Arbeiterschaft keine verheirateten Frauen mehr geben würde. Heute aber sind diese Annahmen inhaltslos geworden und schaden vor allem den Beschäftigten schwer.

Die meisten Arbeiter würden heute selbst sagen, daß das dringendste Bedürfnis der Metallindustrie die größtmögliche Anzahl von Arbeitsplätzen, die geringste Schrumpfungsrate und die größte Arbeitsplatzsicherheit ist. Das Optimum wäre wahrscheinlich erreicht, wenn trotz Automatisierung und struktureller Veränderungen in der Industrie die Schrumpfungsrate der Arbeitsplätze nicht größer ist als die Abnahme von Neuzugängen auf dem Arbeitsmarkt, die für die traditionellen Arbeiterberufe in der Industrie zur Verfügung stehen – in den nächsten acht Jahren eine Abnahme von ungefähr 20 %, die auf den Geburtenrückgang nach 1960 zurückzuführen ist.

Es läßt sich jedoch fast mit Sicherheit sagen, daß

das mehr ist, als sich tatsächlich erreichen läßt. Das zweite große Bedürfnis der Metallindustrie ist also ein Polster gegen die Abnahme der Arbeitsplätze – d.h. es müssen Mittel bereitgestellt werden, um ältere Arbeitnehmer früher in den Ruhestand schicken zu können und um die jüngeren im Bedarfsfall umzuschulen und an den richtigen Arbeitsplatz zu stellen.

Als nächstes Ziel folgt eine größtmögliche Arbeitsplatzsicherung.

Schließlich müssen die Sozialleistungen so umstrukturiert werden, daß sie den Realitäten der Arbeitswelt von heute entsprechen. Wir müssen sicherstellen, daß der Empfänger der Sozialleistung von dem dafür zur Verfügung stehenden Geld am meisten profitiert.

Die Prioritäten dieser Ziele werden von verschiedenen Menschen unterschiedlich eingestuft werden, aber darüber, daß sie erreicht werden sollten, wird es wohl kaum Meinungsverschiedenheiten geben. Die Konsequenz daraus jedoch ist eine radikal veränderte und äußerst strittige Lohnpolitik.

Erstens muß ein großer Teil des Lohns flexibel und nicht festgelegt sein. Er muß sich der Leistung, der Wirtschaftlichkeit und der Produktivität anpassen, und die ausgezahlten Löhne müßten in guten Jahren höher, vielleicht viel höher, und in schlechten niedriger, vielleicht viel niedriger sein. Das ist vielleicht der deutlichste Bruch mit der Tradition – und das Management könnte sich vielleicht ebenso sehr gegen ihn wehren wie die Gewerkschaftsführer. Besonders das mittlere Management und die Abteilungsleiter werden dagegen sein; nichts mißfällt ihnen so sehr, wie wenn ein Untergebener mehr verdient als sie selbst. Auch die Arbeiterschaft aber hat traditionell eine Bezahlung für Produktivität und Wirtschaftlichkeit nur als »Bonus« zusätzlich zu einem festen Lohn akzeptiert und die Idee, diesen Lohn in schlechten Zeiten zu reduzieren, kompromißlos abgelehnt. »Es ist ungerecht, die Arbeiter für die schlechte Leistung ihres Arbeitgebers zu bestrafen.« war ein Argument, das immer wieder vorgebracht wurde. Was wir aber jetzt brauchen – und was jetzt im Interesse der Arbeiter selbst ist – ist die Anpassung an wirtschaftliche Fluktuationen durch flexible Lohnkosten, und nicht durch Arbeitslosigkeit; eine Anpassung durch Arbeitslosigkeit wird in der Metallindustrie nämlich wahrscheinlich nicht »zyklisch« und zeitlich beschränkt, sondern strukturell und permanent sein. Ein Drittel der ausgezahlten Löhne in diesem Industriezweig – das Drittel, um das hier die Löhne höher als in der sonstigen Industrie sind – könnte als flexibel und abhängig von der Leistung eingestuft werden. (In guten Jahren könnte es also gut weit über diesem Drittel liegen.) Wo immer man bisher so vorgegangen ist, zum Beispiel bei Lincoln Electronics in Cleveland, war das Ergebnis ein deutlich höheres Einkommen für die Arbeiter über lange Zeiträume, sowie eine große Arbeitsplatzsicherheit.

Dann könnten zur Abdeckung des zweiten Bedürfnisses die durch Produktivität und Wirtschaftlichkeit angehäuften Einkommen der Arbeitnehmer als Polster für den Fall von Arbeitsplatzschrumpfung, für Renten für einen früheren Ruhestand älterer Arbeitnehmer und für Umschulung und Einstellung mittelalterlicher Arbeitnehmer verwendet werden (jüngere Arbeitnehmer unter dreißig sind gewöhnlich sehr mobil und können sich selbst durchschlagen).

Sozialleistungen sind heute für alle gleich, seien die Empfänger nun alt oder jung, Männer oder Frauen, Verheiratete oder Unverheiratete. Bei einer Arbeiterschaft, die so heterogen geworden ist wie die unsere, bedeutet das jedoch, daß ein erheblicher Teil der dafür verwendeten Gelder einfach verschwendet wird. So stellt sich zum Beispiel ein junger Mann von 28 weit besser, wenn er 15 % – 20 % seiner Bezüge für eine zusätzliche Rentenversicherung verwendet, statt sich seinen vollen Lohn weit höher besteuern zu lassen. Wenn er mit 48 vielleicht Kinder hat, die eine höhere Schule oder Universität besuchen, hat er dagegen mehr davon, wenn er einen höheren Lohn bezieht und weniger für seine Rente abgezogen bekommt. Da die Sozialleistungen jedoch für alle gleich und total unflexibel sind, muß sich die Gewerkschaft verständlicherweise darum bemühen, jede Sozialleistung für jeden durchzudrücken. Sie nützen so nur einer Minderheit wirklich, aber alle anderen werden bestraft, denn die Industrie wird immer weniger konkurrenzfähig. Was die Metallindustrie braucht – und

was es übrigens in Japan schon die ganze Zeit gibt –
ist ein »komplettes Lohnpaket«. Der gesamte Betrag, der pro Beschäftigten pro Stunde zur Verfügung steht, ist festgelegt, aber der – oder die – einzelne Beschäftigte kann entscheiden, wieviel von
diesem Lohnpaket ausgezahlter Lohn und wieviel
Sozialleistungen sein soll, und welche Sozialleistungen ihm in seinem Status in der jeweiligen Situation seiner Familie am meisten nützen. Wo solche »flexiblen Sozialleistungen« eingeführt worden sind, waren die Beschäftigten weit zufriedener,
wenn sie nicht sogar mehr verdient haben, und die
Kosten für die Sozialleistungen sind gefallen, und
zwar manchmal bis um ein Drittel oder mehr.
Jedesmal, wenn ich diese Probleme mit Gewerk-
schaftsführern diskutiere, nicken sie zuerst. Dann
sagen sie aber: »Warum sollten wir uns aber expo-
nieren und unseren Hals riskieren, indem wir unseren Mitgliedern etwas so schweres, so neues vorschlagen, das sich dazu noch so radikal von allem
unterscheidet, was wir all die Jahre vertreten haben? Wir werden schließlich nicht bezahlt, um uns
um die Interessen der Gesellschaft zu kümmern;
dafür werden die Manager bezahlt.« Das ist jedoch
eine vollständige Fehleinschätzung der Realität.
Auch in der Metallindustrie stehen den Gesellschaften Alternativen offen. Sie können arbeitsin-
tensive Prozesse in die Dritte Welt verlagern, wo
billige Arbeitskräfte in Hülle und Fülle zur Verfügung stehen. Sie können automatisieren – und
technologisch ist es jetzt durchaus möglich, die

Geschwindigkeit der Automatisierung zu steigern. Der Arbeiterschaft in der Metallindustrie und ihren Gewerkschaften bleibt im Grund keine Wahl. Entweder sie ergreifen die Initiative und entwickeln neue Konzepte in der Lohnpolitik, oder sie müssen sich darauf gefaßt machen, daß die Gewerkschaften ihre Bedeutung verlieren und schließlich verschwinden. Und wird der Gewerkschaftsführer nicht nach den berühmten Worten des Gründers unserer Massen-Gewerkschaften John L. Lewis dafür bezahlt, »die Interessen seiner Mitglieder zu vertreten«?

# Stirbt die direkte Aufsicht aus?

(W.S.J., 7. 6. 1983)

Kein Aufgabenbereich wird sich in der kommenden Dekade einschneidender verändern als der des direkten Aufsichtspersonals in Fabrik und Büro, und es gibt kaum jemanden, der für diese Veränderungen weniger vorbereitet ist und der sie weniger begrüßen wird.

Die Automatisierung ist eine der Entwicklungen, durch die die Rolle des Aufsichtspersonals drastisch verändert werden wird. In einem automatisierten Prozeß können Arbeitskräfte nicht »beaufsichtigt« werden; jeder muß den jeweiligen Prozeß recht umfassend unter seiner Kontrolle haben, muß ihn verstehen und in der Lage sein, die Maschinen, für die er zuständig ist, zu programmieren und neu einzustellen. In einem automatisierten Prozeß ist seine Aufgabe nicht mehr die Bedienung, sondern die Programmierung, und er braucht keine Aufsicht, sondern einen Assistenten. Er braucht Informationen und ständige Ausbildung. Er braucht jemand, der dafür sorgt, daß die Ersatzteile und das Material rechtzeitig und in der richtigen Reihenfolge da sind. Er braucht Koordination mit den anderen Bestandteilen des Prozesses.

Die meisten normalen Arbeitskräfte können sich ohne große Schwierigkeiten auf eine Automatisierung einstellen, aber ihr Aufsichtspersonal nicht. Als Nissan seine große Endmontage-Anlage für die Automarke Datsun bei Yokohama automatisierte, konnten die Arbeiter ohne große Probleme dafür umgeschult werden, aber praktisch das gesamte Aufsichtspersonal mußte man in traditionelle Fabriken versetzen. Das Aufsichtsperonal in Büros könnte vor noch größeren und schwerer zu bewältigenden Veränderungen stehen.

Auch innerbetrieblich wird es zu einschneidenden Veränderungen kommen, von denen besonders die Arbeiter betroffen sind. Sie nämlich bedrohen die Autorität des Aufsichtspersonals – des Meisters – und das Bild, das es von sich selbst hat. Unternehmen, die Qualitäts-Zyklen eingeführt haben, hatten von den Arbeitern Widerstand erwartet – aber es gab praktisch keinen. Die Meister dagegen wehrten sich heftig. Hinter dem gesamten Qualitäts-Zyklus steht im Grund die Vorstellung, daß derjenige, der die Maschine bedient, über seinen Aufgabenbereich mehr weiß als irgendjemand anders – und wo bleibt dann die Autorität des Meisters?

Schlimmer noch in Qualitäts-Zyklen und allen ähnlichen Programmen arbeitet der normale Beschäftigte direkt mit der Leitung zusammen – mit der Endkontrolle, der industriellen Planung, der Produktionsplanung und -aufrechterhaltung. Für das traditionelle Aufsichtspersonal in der Industrie spielt jedoch die Kontrolle des Zugangs zur Firmenleitung für seine Autorität und seinen Status eine zentrale Rolle. Auch alle anderen innerbetrieblichen Veränderungen auf der Produktionsebene, die zur Zeit versucht werden, verringern ebenso die Autorität des Aufsichtspersonals, reduzieren seine Kontrollmöglichkeiten und geben dem Arbeiter mehr Macht: flexible Sozialleistungen, Übertragung von Eigentumsanteilen an die Beschäftigten, Sonderbonusse für Produktivitätssteigerung, Gewinnbeteiligung und so weiter. Sie beruhen alle auf der Voraussetzung, daß der Arbeiter Verantwortung übernimmt, selbst Kontrolle ausübt und Befehle erteilt, statt sie zu empfangen.

Im Büro kommt noch ein zusätzliches Problem dazu: eine immer größer werdende Lücke zwischen den Generationen. Das Aufsichtspersonal in einem Büro neigt dazu, die älteste Beschäftigten-Gruppe zu sein. Sie besteht außerdem zum größten Teil aus Arbeitnehmern, die bei Beförderungen ausgelassen wurden und in der rapiden Expansion der letzten 15 oder 20 Jahre den Anschluß verpaßt haben. Die Arbeitskräfte, die sie beaufsichtigen, werden immer jünger und sind zugleich immer besser ausgebildet. Bei einer kürzlich durchgeführten Untersuchung der abnorm hohen Fluktuation von Büroangestellten einer großen Versicherungsgesellschaft wurde als der häufigste Kündigungsgrund genannt: »Mein Abteilungsleiter hatte einfach keine richtige Ausbildung.« und »Mein Abteilungsleiter wollte, daß wir mit dem Federkiel schreiben, obwohl ich dazu ausgebildet bin, Wortprozessoren und Computer zu benutzen.« Man könnte aus all dem schließen, daß die traditionelle Aufsicht ein Anachronismus ist und die Produktivität bremst.

Diese Erkenntnis ist nicht neu. IBM – kaum eine besonders freizügige Gesellschaft – akzeptierte sie schon vor 25 Jahren, als in ihren Werken das traditionelle Aufsichtspersonal abgeschafft und durch Manager ersetzt wurde, die keinerlei beaufsichtigende Funktion haben. Bei IBM ist der Manager Lehrer, Ausführungskraft und Assistent. Er hat nur eine minimale disziplinäre Gewalt, dafür aber eine maximale Verantwortung, daß seine Gruppe ihrerseits die Verantwortung für ihre Aufgaben, die Aufgabenverteilung, den Produktionsstandard und für die Zusammenarbeit übernimmt. Die Aufsicht wird bei IBM weithin von den Arbeitern selbst übernommen, und zwar von Männern oder Frauen, die die Arbeitsgruppe selbst bestimmt und für die der Manager eine Unterstützung ist. In den meisten amerikanischen Betrieben ist der Vorarbeiter oder untere Abteilungsleiter noch mehr oder weniger das gleiche, was er vor vielen Jahren war – ein Vorgesetzter, obwohl von der Autorität und der Verantwortung, die dieser Vorgesetzte vor 50 Jahren noch hatte, wegen der inzwischen gewachsenen Macht der Gewerkschaften und der Veränderungen in der Betriebshierarchie kaum noch etwas übriggeblieben ist.

In den letzten Jahren hat sich in vielen Betrieben der Schwerpunkt auf die Ausbildung des Aufsichtspersonals verlagert – und es war auch höchste Zeit dafür. Wir haben es nämlich inzwischen gelernt, daß Ausbildung für neue Produktionsprozesse und innerbetriebliche Veränderungen bei dem Aufsichtspersonal beginnen muß. Erst wenn es sorgfältig ausgebildet worden ist, kann man mit einer erfolgreichen Ausbildung der anderen Beschäftigten beginnen. So wurden zum Beispiel überall dort, wo man mit Qualitäts-Zyklen Erfolg hatte, immer erst eine probeweise Durchführung mit Aufsichtspersonal durchgeführt – die manchmal mehr als ein Jahr dauerte – bevor die anderen Beschäftigten auch daran beteiligt wurden. So wurde der Qualitäts-Zyklus zum eigenen Programm und Werkzeug der Aufsichtsperson (wie das in Japan der Fall ist). Als dann auch die anderen Beschäftigten an dem Qualitäts-Zyklus beteiligt wurden, hatte ihn auch das Aufsichtspersonal als Möglichkeit akzeptiert, Anerkennung zu gewinnen und den Status zu erhalten.

Diese Ausbildung zielt wohlgemerkt darauf ab, dem Aufsichtspersonal eine andere und neue Rolle zuzuweisen, statt die traditionelle Funktion zu bestätigen. Wenn wir von den Veränderungen – in der Technologie, der innerbetrieblichen Struktur und der Zusammensetzung der Bevölkerung – profitieren wollen, brauchen wir stärkere, selbstsichere und verantwortungsbewußtere Aufsichtspersonen. Wir müssen uns zu dem gleichen Entschluß durchringen, den IBM schon vor 25 Jahren getroffen hat: daß es die Aufgabe der »Manager« ist, die Stärken der Arbeitnehmer – Kompetenz, Wissen und die Fähigkeit, Verantwortung zu übernehmen – herauszuarbeiten und einzusetzen. Das bedeutet keine übertriebene Freizügigkeit, sondern stellt im Gegenteil an alle Beteiligten hohe Anforderungen, die sich allerdings von unseren traditionellen Vorstellungen deutlich unterscheiden.

Während des 2. Weltkriegs und direkt danach spielte das Aufsichtspersonal in den Überlegungen zu der innerbetrieblichen Struktur eine zentrale Rolle. Für einige kurze Jahre sah es so aus, als würde es sich zu einer Gewerkschaft zusammenschließen, um sich gegen das höhere Management auf der einen Seite und die Gewerkschaften der unteren Arbeitnehmer auf der anderen zu verteidigen. Während dieser kurzen Zeit kümmerte sich das Management um das Aufsichtspersonal – um seine Ausbildung, seinen Status und um seine Gehälter und Löhne. Dann aber – nunmehr seit 40 Jahren – nahm man es mit wenigen Ausnahmen als gegeben hin und kümmerte sich nicht mehr weiter darum. In den nächsten zehn Jahren aber wird es in der innerbetrieblichen Struktur wieder eine zentrale Rolle spielen. Es könnte sogar so kommen, daß Status, Autorität und Verantwortung – sowie Bezahlung und Beförderungsmöglichkeiten – der direkten Aufsichtspersonen der arbeitenden Bevölkerung das dringlichste und schwierigste Problem werden wird.

# Schulung und Ausbildung:
# Der neue Wachstumsbereich

## (W.S.J., 19. 7. 1983)

Die wirtschaftlichen Belohnungen für Wissen und
Fertigkeiten steigen nach einem halben Jahrhundert stetiger Abnahme wieder stark an – ebenso
wie die Nachteile, die bei ihrer Abwesenheit in
Kauf genommen werden müssen.
Man ist allgemein davon überzeugt, daß im Verlauf
dieses Jahrhunderts in allen Berufen die Ansprüche
gestiegen sind. Das gilt jedoch nur für eine Minderheit der Berufe, und im allgemeinen nur für solche,
die schon immer ein umfassendes Wissen verlangten, wie zum Beispiel bei Ärzten oder Ingenieuren.
Bei einer Menge anderer Berufe werden zwar mehr
Titel oder Abschlüsse verlangt, aber an den verlangten Kenntnissen und Fertigkeiten hat sich in
Wirklichkeit nicht viel geändert; wo zum Beispiel
Bewerber ein Abschlußzeugnis einer High School
vorlegen mußten, brauchen sie jetzt gewöhnlich
vier Jahre College, obwohl der Beruf selbst sich
nicht merklich verändert hat. Für die größte Ein-
zelgruppe aber, der es dazu in diesem Jahrhundert
bei weitem am besten ergangen ist – die niedrig

qualifizierten Handarbeiter in Fertigungsbetrieben – sind weder die Anforderungen gestiegen, noch werden mehr Leistungsnachweise verlangt. Dazu kommt noch, daß für diese Gruppe der wirtschaftliche Anreiz, sich neue Kenntnisse und Fertigkeiten anzueignen, extrem hoch war, daß dieser Anreiz aber inzwischen so abgenommen hat, daß er inzwischen praktisch nicht mehr da ist.

Vor fünfundsiebzig Jahren mußte ein Industriearbeiter drei Jahre lang ununterbrochen verdienen, um die $ 750 zusammenzubekommen, die das Preiswunder Ford Modell T ursprünglich kostete. Die $ 250 pro Jahr in bar waren alles, was solch ein Arbeiter damals verdiente. Es gab keinerlei »Sonderleistungen« – keine Sozialversicherung, keine Lebensversicherung am Arbeitsplatz, keine Krankenversicherung, keine Lohnfortzahlungen bei Krankheit, kein Arbeitslosengeld und natürlich keine Sonderzulagen für Überstunden oder Sonntagsarbeit.

Der direkte Nachkomme dieses manuellen Arbeiters von gestern – der von den Gewerkschaften betreute Arbeiter in der massenproduzierenden Industrie, also der Stahl-, Auto-, Elektro-, Gummi- und chemischen Industrie – kostet pro Jahr mindestens $ 50 000 Dollar (ungefähr ein Drittel davon für Sozialleistungen) oder neunmal so viel wie ein billiges Auto heute. Die wahre Einkommenssteigerung aber ist damit noch nicht erfaßt; der moderne Arbeiter mit seinem Achtstunden-Tag und seiner Fünf-Tage-Woche hat ein Drittel weniger Arbeitsstunden als sein Vorgänger vor 75 Jahren. An den Automobilpreisen berechnet ist sein Stundenlohn damit um das Vierzig-bis Fünfzigfache angestiegen. Es gibt nun zwar auch Arbeiter, die weit weniger verdienen, aber selbst bei einem Stundenlohn von $ 15 wird noch ein jährliches Einkommen von $ 30 000 erreicht. Das ist so viel wie der Preis für fünf neue Autos und stellt in einem Zeitraum von 75 Jahren eine zwanzigfache Einkommenssteigerung dar.

Diese fundamentale Veränderung der Wirtschaftslage der niedrig qualifizierten Arbeiter in den entwickelten Ländern ist das zentrale soziale Ereignis des 20. Jahrhunderts. In der gesamten Sozialgeschichte hat es nie etwas gegeben, was dem auch nur entfernt vergleichbar wäre. Diese Veränderung ist natürlich weithin eine Reflexion der ungeheuren Produktivitätssteigerung der letzten hundert Jahre. Sie wird zwar gewöhnlich als »Produktivitätssteigerung der Arbeiter« bezeichnet, aber in Wirklichkeit wurde sie durch höhere Kapitalinvestitionen, bessere Werkzeuge und Maschinen und vor allem durch ein besseres Management erreicht. Im Gegensatz zu allem, was Marx für »wissenschaftlich« und absolut gesichert hielt, war es die Arbeiterschaft, und besonders der am wenigsten ausgebildete und geschulte Teil von ihr, den Marx als »Proletariat« bezeichnet, die sämtliche Früchte der gesteigerten Produktivität ernten konnte, und vielleicht sogar noch etwas mehr.

Das gehört sicherlich zu den anerkennenswerten

Leistungen der Menschheit. Ein Arbeiter nämlich arbeitet heute weder länger noch härter als ein Arbeiter von 1907; seine Arbeitszeit ist vielmehr kürzer geworden, und es wird von ihm nur noch ein Bruchteil der früheren Knochenarbeit verlangt. Auch die Unfälle am Arbeitsplatz sind seltener geworden. Vor allem aber braucht er für seine Arbeit nicht mehr Kenntnisse und Fertigkeiten. Für die meisten Arbeiten am Fließband ist nicht mehr als eine dreiwöchige Einweisung nötig, und dann ist der betreffende Arbeiter »angelernt«. Es dauerte früher erheblich länger, bis es jemand gelernt hatte, mit Schaufel und Hacke einen sauberen Graben auszuheben.

Das Realeinkommen der meisten anderen Beschäftigten in unserer Zeit aber ist weit weniger schnell gestiegen. Man könnte sogar sagen, daß die Steigerungsrate umgekehrt proportional zu den in dem jeweiligen Beruf verlangten Kenntnissen und Fertigkeiten ist. Am Anfang dieses Jahrhunderts verdiente ein Verkäufer in einem Warenhaus ungefähr genauso viel wie ein Arbeiter – vielleicht etwas mehr. Heute bekommt er durchschnittlich nur noch knapp die Hälfte. Auch in den Berufen, für die eine akademische Ausbildung nötig ist, läßt sich diese Tendenz beobachten.

Die Nivellierung der Einkommen war in dem Bereich der Fabrikation am deutlichsten. Der Unterschied zwischen den Löhnen der Facharbeiter und denen der angelernten Arbeiter beträgt nur noch 25 %; vor 75 Jahren verdienten die Facharbeiter noch dreimal so viel wie ihre weniger extensiv ausgebildeten Kollegen, und in einer berühmten frühen Werbung für Ford hieß es stolz, daß »das Modell T nicht mehr kostet, als ein guter Handwerker in einem Jahr verdienen kann«.

Man braucht kein Gleichheitsfanatiker zu sein, um den größten Teil dieser Entwicklungen zu begrüßen und sie sogar als nicht mehr als gerecht zu betrachten. Ihre weder beabsichtigte noch vorausgesehene Nebenwirkung aber war eine stetige Abwertung von Kenntnissen und Fertigkeiten, die ihrerseits zur Folge hatte, daß der Anreiz dafür, daß die Schulen ihre Leistungsfähigkeit beibehielten, immer geringer wurde.

Vor 75 Jahren war die Schule im großen Ganzen die *einzige* Möglichkeit, bittere Armut und totale Unsicherheit zu überwinden, und bot den einzigen Zugang zu bescheidenem Wohlstand, Selbstachtung und Anerkennung in der Gesellschaft. Wissen und Ausbildung waren natürlich keine Garantie für Erfolg, aber wenn sie fehlten, war ein Scheitern praktisch sicher. Damit erklärt sich der ungeheure Druck, den die Gesellschaft auf die Schulen ausübte, ihren Standard aufrechtzuerhalten und Leistung zu verlangen.

Auch heute ist das Sozialprestige von Berufen, in denen eine umfassende Ausbildung – oder zumindest ihr formeller Nachweis – verlangt wird, natürlich noch größer, und die Entwicklung der Schule wird nicht allein von wirtschaftlichen Gesichtspunkten bestimmt. Es ist jedoch eine unbestreitbare Tatsache, daß seit dem 2. Weltkrieg Kenntnisse und Fertigkeiten nicht mehr die einzige wirtschaftliche Fluchtmöglichkeit bieten. Ein Professor wird es in der Regel noch immer für eine Schande halten, wenn sein Sohn nicht seinem Vorbild folgt und stattdessen am Fließband arbeitet, aber es wird dem Sohn dabei kaum schlechter gehen als dem Vater. Der Arbeiter auf der anderen Seite, der sieht, daß sein älterer Sohn, der eine Maschine in der Glasfabrik bedient, unter Umständen ebenso viel verdient wie sein jüngerer Sohn, den er auf die Universität geschickt hat, aber nur erheblich früher, wird daher gern bereit sein, sich mit einer weniger anspruchsvollen Schule abzufinden.

Dieser Zustand ist jedoch nun vorüber, und zwar selbst dann, wenn ein wirtschaftlicher Aufschwung jedem einzelnen Arbeiter eine voll bezahlte Stelle mit allen Sonderleistungen bringen würde. Der Übergang zu hochqualifizierter Arbeit als dem neuen Wachstumsbereich der Wirtschaft und die umfassende Entwicklung neuer Technologien bedeuten vor allem, daß die Produktivität immer mehr von den Kenntnissen und Fertigkeiten bestimmt werden wird, mit denen die Arbeiter ihre Aufgaben ausführen, und letztendlich bestimmt die Produktivität immer die Höhe der Realeinkommen und die Fähigkeit, sie zu bezahlen.

Das ist der Grund dafür, daß wir mit Bestimmtheit eine Verbesserung der Schulen erwarten können.

# Das Kleinunternehmertum als wirtschaftlicher Faktor

*(Zur Veröffentlichung vorgesehen in Harvard Business Review März/April 1984)*

## I

Es ist inzwischen keine Neuigkeit mehr, daß die große Mehrheit der über 20 Millionen neuen Stellen, die in den Jahren von 1970–1980 in der amerikanischen Wirtschaft geschaffen worden sind – bei weitem die größte Anzahl von Stellen, die in der amerikanischen Geschichte innerhalb einer Periode von 10 Jahren neu geschaffen worden sind – kleinen und neuen Unternehmen zu verdanken waren. Es ist dagegen nicht allgemein bekannt, daß dieser Trend während der gegenwärtigen Rezession angehalten und sich sogar verstärkt hat. In den letzten drei Jahren wurden in den »Fortune 500« – den fünfhundert größten Industriebetrieben – ungefähr 3 Millionen Stellen gestrichen. In dem gleichen Zeitraum waren in Betrieben, die weniger als zehn Jahre alt sind, mindestens 750 000 und vielleicht sogar mehr als eine Million *zusätzliche Neueinstellungen* zu verzeichnen.

Das ist praktisch die genaue Umkehrung der grundsätzlichen Trends der Nachkriegszeit. Zwischen 1950 und 1970 wurden drei Viertel der neuen

Stellen in der amerikanischen Wirtschaft entweder von großen, alteingesessenen Betrieben oder von der Regierung geschaffen, und die Stellenverluste während Rezessionen in dieser Periode konzentrierten sich vor allem auf kleine und neue Betriebe. Von 1950 bis 1970 wurde das amerikanische Wirtschaftswachstum von den etablierten Betrieben getragen. Seit 1970, und vor allem seit 1979 hat sich der Schwerpunkt auf das Neu- und damit Kleinunternehmertum verlagert.

Im Gegensatz zu dem, was »jedermann weiß«, ist nur ein kleiner Teil der Neuunternehmer in dem »High Tech«-Bereich (Bereich der hochentwickelten Technologie) – also Computer, Genmanipulation und ähnliches – zu suchen. Nur ungefähr ein Viertel der »INC 100« – die 100 neuen Aktionärs-Betriebe (keiner mehr als 15 und weniger als 5 Jahre alt) mit dem schnellsten Wachstum, die vom INC-Magazin jedes Jahr untersucht werden – hat mit Computern zu tun. Im letzten Jahr dagegen waren in dieser Gruppe fünf Restaurant-Ketten, zwei Hersteller von Damenbekleidung und verschiedene Betriebe aus dem Bereich der Gesundheitspflege vertreten. Trotzdem wird in der INC-Untersuchung »High Tech« grotesk überbetont; »High Tech« ist »in« und daher durch eine breitgestreute Aktienausgabe recht leicht zu finanzieren. Dies trifft für ebenso schnell wachsende, aber weit weniger schicke Betriebe wie Leasing-Gesellschaften, Firmen für die Herstellung von Spezialwerkzeugen für Handarbeit, Friseurladen-Ketten oder für den

Bereich der Fortbildung mit seinen Kursen, Seminaren, Lehrbänden für bereits hoch ausgebildete Fachkräfte nicht zu. Außerdem gibt es noch die Dienstleistungs-Betriebe im Transportwesen wie UPS, die der Post mit ihrer schwerfälligen Bürokratie schwer zu schaffen machen. Insgesamt läßt sich sagen, daß deutlich unter einem Drittel der Kleinunternehmer sich mit »High Tech« befaßt. Ein Drittel davon ist auf dem Dienstleistungsbereich – also Restaurants, Ketten von Friseurläden oder ähnliches – angesiedelt, ein Drittel befaßt sich mit solchen Aktivitäten, die den Ausbildungsstand und damit die Fähigkeit, selbst Geld zu verdienen, fördern: Schulung, Ausbildung, gesundheitliche Versorgung und Informationsweitergabe.

Die »INC 100« und ähnliche Listen führen nur Wirtschaftsbetriebe, aber darauf ist das neue Unternehmertum keineswegs beschränkt. Auch auf einem dritten Bereich, der nicht profitorientiert, aber auch nicht staatlich ist, ist es ebenfalls stark vertreten. Während die Regierung eine Studie nach der anderen über die »Krise im Gesundheitswesen« durchführen läßt, handelt man hier und schafft neue Institutionen: unabhängige Kliniken für Diagnose und Pflege, fahrbare Operationszentren, psychiatrische Kliniken für Diagnose und Behandlung, die zum Teil von Krankenhäusern gegründet sind, zum Teil aber auch mit ihnen konkurrieren, die aber alle die sogenannte »Krise im Gesundheitswesen« für einen wirtschaftlichen Aufstieg verwenden. Die Privatschulen nehmen ständig zu. In der Vorstadtgegend, in der ich wohne, ist eine nachbarschaftliche Babysitting-Kooperative, die vor sechs Jahren von einigen Müttern gegründet worden ist, zu einer Vorschule mit 200 Schülern angewachsen. Fortbildende Schulen aller Arten, in denen Kurse über das obere Management für Manager aus dem Mittelbau, Auffrischungskurse für Ärzte, Ingenieure, Anwälte und physische Therapie angeboten werden, befinden sich nach einer kurzfristigen Flaute im letzten Jahr wieder im Aufschwung.

Als das wichtigste Betätigungsfeld für das aufstrebende Kleinunternehmertum könnte sich ein vierter Sektor erweisen, in dem ein Privatunternehmer mit Behörden zusammenarbeitet und im Auftrag Dienstleistungen ausführt. Wenn die Behörden sich nach dem Leistungsstandard richten und auf der Basis von konkurrierenden Angeboten z. B. den Feuerschutz oder die Müllabfuhr Privatunternehmen zuteilen, könnten sie damit weit bessere Leistungen erhalten und zugleich Kosten sparen.

Der Aufschwung des Kleinunternehmertums ist nicht auf die Vereinigten Staaten beschränkt. In England floriert zur Zeit der Markt mit »Unaufgelisteten Sicherheiten« (Unlisted Securities), der es jungen und aufstrebenden Gesellschaften gestattet, Kapital aufzubringen, ohne dabei die hohen Börsenkosten aufbringen zu müssen. Auch in Japan gibt es ein dynamisches Jungunternehmertum, aber bisher beschränkt man sich darauf, das nachzuvollziehen, was sich in den U.S.A. bereits be-

182

währt hat. So werden zum Beispiel in der japanischen Gesellschaft, die in den letzten zehn Jahren das schnellste Wachstum aufweisen konnte, keine Transistoren oder Autos hergestellt, sondern sie ist eine Kette von Läden und Restaurants. In Deutschland ist das dynamische Jung- und Kleinunternehmertum recht stark vertreten. In Italien blüht es zwar, spielt sich aber zum größten Teil in der »grauen Wirtschaft« ab, so daß es weder vom Steuereinnehmer noch von statistischen Erhebungen der Regierung erfaßt werden kann (dabei aber Italien binnenwirtschaftlich über Wasser hält). In Frankreich war man auf diesem Sektor recht aktiv, bis Mitterrand dem durch zentralisierte Planung und die staatliche Kontrolle der Kredite ein Ende bereitete, wegen der neue Unternehmen weder Kapital noch Kredit bekommen können, und private schon gar nicht.

Im großen und ganzen ist der Aufschwung des dynamischen Kleinunternehmertums jedoch ein amerikanisches Phänomen. In den alten Industriezweigen, und besonders in denen, die in der Periode direkt nach dem 2. Weltkrieg einen starken Aufschwung zu verzeichnen hatten – Stahl- und Autoindustrie sowie die Verbraucher-Elektronik – ist Amerika von der gegenwärtigen Krise ebenso betroffen wie alle anderen entwickelten Länder (und wieder im Gegensatz zu dem, »was jeder weiß«, Japan genauso stark wie der Westen), aber im wachsenden Kleinunternehmertum haben die U.S.A. einen großen Vorsprung – der ebenso groß, wenn nicht größer ist als ihr Vorsprung vor einem Jahrhundert, als die »moderne Wirtschaft«, wie wir sie nun nennen, geboren wurde.

## II

Eine deutliche Implikation dieser Tendenz ist es, daß die »wissenschaftlichste Diagnose« unserer gegenwärtigen wirtschaftlichen Erkrankungen zutiefst suspekt ist. Wir sind höchstwahrscheinlich *nicht*, wie das Jay W. Forrester und seine Gruppe versichert, in einem langfristigen »Kondratieff-Tal«, sondern befinden uns stattdessen bereits am Anfang einer langfristigen »Kondratieff-Expansion«. Der Russe Kondratieff – einer der Begründer der mathematischen Wirtschaftswissenschaft, den Stalin in einer seiner ersten Säuberungsaktionen umbringen ließ, weil sich seine Voraussage, daß die Kollektivierung der russischen Landwirtschaft schweren Schaden anrichten werde, als richtig erwies – identifizierte einen langfristigen Wirtschaftszyklus von ungefähr 50 Jahren, der auf der inhärenten Logik der Technologie basierte. In den letzten Dekaden eines Kondratieff-Zyklus' scheint es den alten und reifen Industriezweigen außergewöhnlich gut zu gehen, die Gewinne in Rekordhöhe machen und Beschäftigten in noch nie dagewesener Anzahl Arbeit und Brot geben. In Wirklichkeit aber sind sie bereits im Niedergang begriffen, und was wie Gewinne in Rekordhöhe aussieht, ist

184

tatsächlich zu niedrige Investition und Verteilung des nicht mehr benötigten Kapitals. Wenn dann der schnelle Verfall offensichtlich wird, folgt ein »Wellental« von zwanzig Jahren Länge, eine lange Periode von Stagnation, niedrigen Gewinnen und Arbeitslosigkeit. Die neuen Technologien sind bereits vorhanden; sie absorbieren jedoch noch nicht genug Kapital oder schaffen genug Stellen, um das Wirtschaftswachstum in Gang zu setzen und eine weitere »Kondratieff-Expansion« auszulösen.

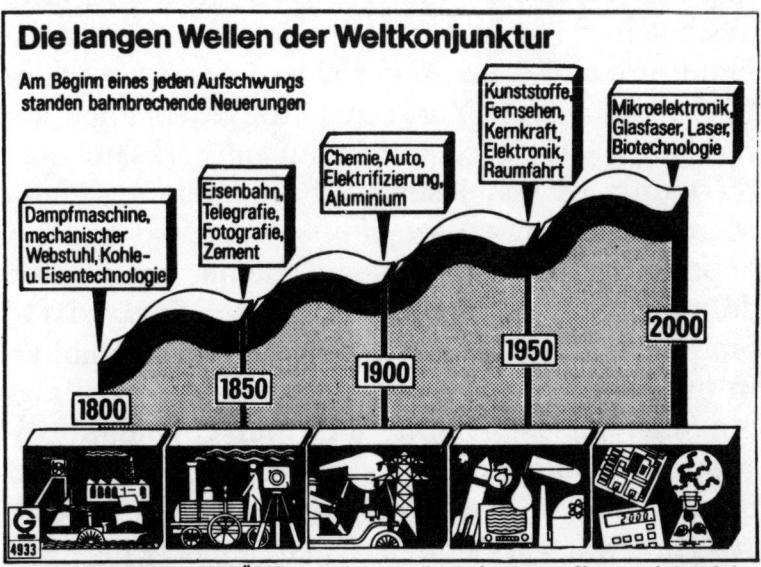

**Die langen Wellen der Weltkonjunktur**

Am Beginn eines jeden Aufschwungs standen bahnbrechende Neuerungen

Dampfmaschine, mechanischer Webstuhl, Kohle- u. Eisentechnologie

Eisenbahn, Telegrafie, Fotografie, Zement

Chemie, Auto, Elektrifizierung, Aluminium

Kunststoffe, Fernsehen, Kernkraft, Elektronik, Raumfahrt

Mikroelektronik, Glasfaser, Laser, Biotechnologie

1800  1850  1900  1950  2000

HABEN DIE WACHSTUMSKRÄFTE *nachgelassen, weil es in der jüngeren Vergangenheit an bahnbrechenden und zukunftsträchtigen Neuerungen gefehlt hat? In den 20er Jahren stellte der russische Wirtschaftswissenschaftler Kondratieff fest, daß die Weltkonjunktur seit dem Beginn der Industrialisierung in langen Wellen verläuft. Ein Aufschwung fällt stets zusammen mit der Einführung grundlegender neuer Techniken, wie etwa die Nutzung der Dampfkraft und der mechanische Webstuhl Anfang des 19. Jahrhunderts, oder die Eisenbahn und die Telegraphie ein halbes Jahrhundert später. Es folgten die Chemie und das Auto zu Beginn des 20. Jahrhunderts und schließlich in den 50er Jahren Kunststoffe, Kernkraft, Elektronik und Raumfahrt. Leiten Mikroelektronik, Biotechnologie, Laser oder Glasfaser-Kommunikation nun einen neuen Aufschwung ein? Wenn Kondratieffs Theorie der langen Wellen stimmt, dann müßten wir eigentlich am Beginn eines neuen, lang anhaltenden Aufschwungs stehen.* SZ

© *Süddeutsche Zeitung v. 17./18. Dezember 1983*

Es gibt jedoch auch einen »atypischen« Kondratieff-Zyklus. Die auf den alten und reifen Technologien basierenden Industriezweige befinden sich
tatsächlich in allen entwickelten Ländern im Niedergang, aber die auf neuen Technologien und
Möglichkeiten gegründeten Industriezweige wachsen so schnell, schaffen Stellen und verlangen Investitionen, daß es insgesamt betrachtet trotzdem zu
einem Wirtschaftswachstum kommt, obwohl die
alten Industriezweige zur gleichen Zeit verfallen.
Eugen Altschul, Kondratieffs vertrautester Schüler
(nach seiner Flucht aus Rußland lehrte er zuerst in
Frankfurt und dann an der *New School für Social
Research* in New York), machte gegen Ende der
zwanziger Jahre als erster darauf aufmerksam. Später wurde es von Joseph Schumpeter in seinem
Monumentalwerk *Wirtschaftszyklen* (1939), dem
definitiven Buch zu diesem Thema, ausführlich
dokumentiert. Beide zeigten, daß sich England und
Frankreich im späten 19. Jahrhundert tatsächlich
in einem Kondratieff-Tal befanden; die Vereinigten Staaten jedoch nicht, und Deutschland mit gewissen Einschränkungen ebenfalls nicht. In diesen
beiden Ländern erlebten die alten, reifen Industriezweige zwar tatsächlich einen Niedergang, wie
Kondratieff das vorausgesagt hatte, aber in beiden
(sowie im damaligen Meiji-Japan) kam es zwischen
1870 und 1900 zu einem rapiden Wirtschaftswachstum, und nicht zu einer Stagnation. Die Industriezweige, die auf neuen Technologien basierten, wuchsen dort schon früh und so schnell, daß

sich das auf die Investitionstätigkeit und den Arbeitsmarkt deutlich positiv auswirkte und parallel zu und gleichzeitig mit der negativen Tendenz in den alten Industriezweigen ein Wirtschaftswachstum zu beobachten war. Die Anzeichen für einen solchen »atypischen« Kondratieff-Zyklus finden sich gegenwärtig auch in den U.S.A.: das Erstarken des Jungunternehmertums, das über ein breites Aktivitätsspektrum verteilt ist und weit über »High Tech«, wie es allgemein genannt wird, hinausreicht.

Ein »atypischer« Kondratieff-Zyklus ist eine Periode hoher Risiken, schneller Veränderungen und erheblicher Unruhen, also durchaus eine sorgenvolle Zeit. Es gibt natürlich noch konkrete Gefahren, die mit Kondratieff oder irgendwelchen Wirtschaftszyklen nichts zu tun haben: die Gefahren eines Kriegs, der Inflation oder des Zusammenbruchs von Rohstoffproduzenten. Ein »atypischer« Kondratieff-Zyklus – wie er in den 80er und 90er Jahren des 19. Jahrhunderts in den Vereinigten Staaten zu beobachten war – ist jedoch auch eine Periode günstiger Gelegenheiten, schnell steigender Beschäftigungszahlen (wenn auch zum größten Teil auf neuen Bereichen und für bisher ungewohnte Fertigkeiten) und eines rapiden Gesamtwachstums. Wie Schumpeter schon vor mehr als 40 Jahren festgestellt hat, unterscheidet sich der »atypische« Kondratieff-Zyklus von einem »Kondratieff-Tal« nicht durch »wirtschaftliche Kräfte«, sondern durch Jungunternehmer-Energie.

*III*

Ein weiterer bedeutender Einflußbereich des erstarkten Jungunternehmertums in den Vereinigten Staaten ist die offizielle Wirtschaftspolitik, also die Regierungsmaßnahmen während einer solchen Übergangszeit.

Vielleicht das ernsteste, sicher aber das am meisten diskutierte Buch zu diesem Thema ist *The Next American Frontier* (Die nächste amerikanische Grenze), (New York, Times Books 1983) des Harvard-Professors Robert B. Reich. Mit diesem Buch soll offensichtlich die Wirtschaftspolitik des nächsten demokratischen Präsidenten der Vereinigten Staaten umrissen werden, und das macht es so außergewöhnlich wichtig.

So ist Reichs Vorschlag, in der alten Schwerindustrie die Arbeitsplätze *nicht* zu sichern, sondern vielmehr die Automatisierung zu beschleunigen – und die davon betroffenen manuellen Arbeiter alten Stils separat zu unterstützen –, politisch von höchster Bedeutung. Reich stellt zu Recht fest, daß die US-Wirtschaft desto *früher* ihre Industrieproduktion steigern und ihre führende Stellung wieder einnehmen wird, je schneller in der traditionellen massenproduzierenden Industrie die Anzahl der traditionellen Arbeiter *gesenkt* werden kann – ebenso wie in der Landwirtschaft in den letzten vierzig Jahren eine Ertragssteigerung mit einer Abnahme der Landwirtzahlen Hand in Hand ging. Reich deutet damit an – und das ist für einen Berater der demokratischen Parteispitze eine geradezu revolutionäre Erkenntnis – daß die traditionelle Industriearbeitergewerkschaft ihre Bedeutung als politische Kraft weithin verloren hat, und daß die Demokraten immer mehr an Stärke gewinnen werden, je weiter sie sich von ihrer bisherigen traditionellen Basis entfernen. Das könnte tatsächlich ein kluger Ratschlag sein.

Dann aber versucht Reich, den seit fünfzig Jahren vertretenen Kern der demokratischen Politik in einer starken Einflußnahme der Regierung dadurch zu retten, daß er »zentrale Planung« der »neuen hochentwickelten Technologien« verlangt. Rein politisch gesehen mag das vielleicht klug sein, ja, es könnte sich sogar als der einzige politische Ansatz erweisen, mit dem ein demokratischer Kandidat 1984 oder 1988 die Wahlen gewinnen könnte. Wirtschaftspolitisch aber ist dieser Ansatz töricht und zum Scheitern verurteilt. Zunächst einmal geht er davon aus, daß »High Tech« für sich allein die Zukunft ist, und das ist offensichtlich nicht der Fall.

Das »Neue« drängt auf allen Bereichen nach vorne, von denen »High Tech« nur ein Teil ist, und keineswegs der wichtigste. Die größten Bereiche, die die meisten Arbeitsplätze mit der besten Bezahlung liefern können, sind an anderer Stelle zu suchen, wie zum Beispiel in der gesundheitlichen Versorgung oder auf dem Fortbildungssektor. Wenn sich die Regierungsplanung allein auf »High Tech« konzentrieren würde, so ginge das unweigerlich auf Kosten anderer bedeutender Wachstumsbereiche.

Ist es außerdem wirklich möglich, das Unbekannte zu »planen«? Oder beschränkt sich Planung nach Definition auf das, was jemand anders bereits erreicht hat? Planung, sei sie nun nach russischer, japanischer oder französischer Art, zielt darauf ab, etwas, das ein anderes Land bereits vorgeführt hat, besser, schneller und mit weniger Fehlern, Fehlstarts und Katastrophen nachzumachen, dieses Land also einzuholen. Wenn man für etwas wirklich unbekanntes plant, so endet das immer – wie die französische »High Tech«-Planung in den vergangenen zwei Jahren der Mitterand-Regierung – mit dem falschen Einsatz von Resourcen, Frustrationen und vor allem mit einer Knebelung der echten Wachstumsbereiche. Was noch nicht existiert, kann nicht geplant, sondern nur gefördert oder gebremst werden.

Wie also soll das Wachstum des dynamischen Jung- und Kleinunternehmertums in der amerikanischen Wirtschaft gefördert werden? Reich hat sicher recht, wenn er sagt, wir sollten uns vor allem davor hüten, das Morgen auf dem Altar des Gestern zu opfern, wie das die Engländer in den letzten 30 Jahren beharrlich getan haben. Wir müssen aber doch für ein Polster sorgen, mit dem wir den Rückgang der Beschäftigtenzahlen in der alten Schwerindustrie auffangen können. Dies wird ungeheuer schwierig sein, wenn wir dabei das Wachstum des neuen Unternehmertums und seine Fähigkeit, neue Arbeitsplätze zu schaffen, nicht beschneiden wollen. Die politische Entscheidung, die hier auf uns zukommt, könnte sich als eine der schwersten erweisen, die in diesem Land jemals getroffen werden mußte, und wir können bestenfalls darauf hoffen, daß dem Neuen damit kein Schaden zugefügt wird.

Darüberhinaus bleibt der Regierung praktisch als einzige Aufgabe, Hindernisse aus dem Weg zu räumen. Die größte Hilfe, die die amerikanische Regierung dem wachsenden Jung- und Kleinunternehmertum und seinen Wachstumsmöglichkeiten erweisen könnte, wäre eine Erleichterung der drückendsten Last aller jungen Unternehmen: ihrer chronischen Bargeldknappheit. Ein Verzicht auf Gewinnbesteuerung neuer Unternehmen für fünf oder sieben Jahre würde das Finanzministerium nicht viel kosten, könnte sich aber als die effektivste wirtschaftspolitische Maßnahme erweisen.

## IV

Daß das Jungunternehmertum ein Wirtschaftsfaktor ist, ist eine Tatsache. Wie aber sollen wir seinen Erfolg erklären? Vier neue Entwicklungslinien stehen dahinter.

1. An erster Stelle stehen natürlich neue Erkenntnisse und neue Technologien. Sie haben mir vor fast 15 Jahren in meinem Buch *The Age of Discontinuity* (Die Zukunft bewältigen) (1969) die Prognose ermöglicht, daß die letzten Dekaden des

20. Jahrhunderts ähnlich wie die letzten Dekaden des 19. Jahrhunderts durchschnittlich alle 18 Monate mit einer neuen Technologie die Entwicklung eines neuen Industriezweigs bringen würden und sich damit deutlich von den 50 Jahren nach dem 1. Weltkrieg, also von den Jahren bis 1970 unterscheiden würden. Wir können nun mit einiger Sicherheit sagen, daß wir mitten in dieser Periode eines auf Technologie basierenden Jungunternehmertums stehen.

Wir werden in den nächsten 15 Jahren sicher einschneidende Veränderungen in der Art erleben, wie wir lernen und lehren – zum erstenmal seit der Entwicklung der Buchdruckerei vor 500 Jahren, Der Computer wird dabei natürlich eine äußerst deutliche Rolle spielen, aber die wahre Veränderung wird auf die neuen wissenschaftlichen Erkenntnisse zurückzuführen sein, die wir gewonnen haben, seit vor 100 Jahren Wilhelm Wundt in Deutschland und William James in den Vereinigten Staaten die Frage gestellt haben: »Wie lernen wir?«

2. Es zeigt sich, daß demographische Aspekte ebenso wichtig sind. Ein großer Teil der Entwicklungen auf dem Bereich der Dienstleistungen, z.B. bei den Restaurant-Ketten, ist eine Reaktion auf die immer stärkere Verbreitung der Doppelverdiener-Familie. Der Aufschwung des Jungunternehmertums auf dem Bildungssektor ist vor allem eine Reflexion der »Bildungsexplosion« nach dem 2. Weltkrieg und die daraus resultierende hohe An-

zahl von hochgebildeten Erwachsenen. So haben sich Unternehmensgründungen, die auf demographischen Entwicklungen basierten, als sicherer und erfolgreicher erwiesen als solche, die auf neuen wissenschaftlichen Technologien basierten.

3. Der dritte Faktor ist die Verfügbarkeit von Geld, die wir uns nicht recht erklären können. In den U.S.A. ist in den letzten 15 Jahren ein einzigartiges und recht effektives System entwickelt worden, um Risiko-Kapital bereitzustellen. In der Sekundärliteratur ist das bisher kaum berücksichtigt worden; jedes Buch und jeder Artikel (bis vor kurzem gilt das auch für meine Produkte) nennt »mangelnden Zugang zu Kapital« als ein großes Hindernis für Jungunternehmer. Es ist jedoch eine Tatsache, daß uns nun mehr Risiko-Kapital zur Verfügung steht, als gute unternehmerische Pläne, die Investitionen verdienen. Im großen und ganzen werden in diesem System nur solche Unternehmen unterstützt, die ihre frühe Jugend schon weit hinter sich haben – Unternehmen, die auf eine Leistungsbilanz verweisen können und vor allem in der Lage sind, große oder zumindest relativ große Summen von 250 000 $ an aufwärts zu absorbieren. Wer aber ernährt die wirklich neuen Unternehmen? Und wie? Wir wissen es einfach nicht, aber offensichtlich ist das Geld da. Irgendwie ist es uns gelungen, ein unsichtbares, privates, unorganisiertes, aber effektives »Nicht-System« zu entwickeln. Etwas derartiges hat es vor zwanzig oder dreißig Jahren noch nicht gegeben. Es muß offensicht-

lich – und zwar anscheinden nur in den Vereinigten Staaten – zu einer deutlichen Verschiebung der
Privatinvestitionen für private, neue Unternehmen gekommen sein, die ganz am Anfang stehen.
In den veröffentlichten statistischen Angaben findet sich jedoch keine Spur davon; die tatsächliche
Entwicklung ist sogar so unvereinbar mit den Statistiken über Kapitalbildung und Investitionstätigkeit, daß man diesen Statistiken eine ernste Reali-
tätsferne attestieren muß.

4. Zum Schluß sei erwähnt – und das könnte sich
langfristig als die wichtigste Entwicklung erweisen – daß wir etwas über das Management im
Klein- und Jungunternehmertum gelernt haben.
Vor dreißig Jahren begann vielen von uns aus dem
Bereich des Managements der Mangel an Unternehmungsgeist in den Großbetrieben Sorgen zu
machen, und wir fingen an, Unternehmungsgeist
und Innovation als Teil des Managements zu predi-
gen. Das hat auch Früchte getragen – und zwar
mehr, als man in der Kritik am Management der
Großbetriebe, wie sie zur Zeit populär ist, zugeben
will. So hat zum Beispiel IBM mit Unternehmungsgeist erheblichen Erfolg gehabt, der größten-
teils darauf zurückzuführen war, daß man sich daran hielt, was in den Management-Lehrbüchern
vorgeschrieben wurde. Verschiedene große pharmazeutische Betriebe und eine beachtliche Anzahl
von großen Finanz-Institutionen konnten einen
ähnlichen Erfolg verzeichnen.

Weit wichtiger aber – und völlig unerwartet – ist

194

die Tatsache, daß die Jungunternehmer gelernt haben, was von den alten fast keiner wußte: warum Management und wie. So besteht das Geschäft von vielen Jungunternehmern im Einsatz eines systematischen Managements. Im Grunde ist das das Erfolgsrezept der Restaurant- oder Friseur-Laden-Ketten; man hat hier ausgearbeitet, wo die kritischen Herausforderungen für das Management – von der Wahl des Standorts bis zur Friseurausbildung und zum Kartoffelschälen – liegen und die jeweils passende Lösung gefunden. Diese Jungunternehmer wenden – zum größten Teil bewußt – auf ihr Unternehmen die Analyse an, die Frederick Taylor vor 100 Jahren auf die Aufgabe des Handarbeiters und Georges Doriot vor 50 Jahren in der Harvard Business School auf die industrielle Fertigung angewendet hat. Der Einsatz von systematischem Management in neuen Unternehmungen – und zwar von Anfang an – in der Personalpolitik, Kommunikationen und der Bildung von Teams, im Marketing, in der Verwaltung des Kapitals und dem Kassafluß, vor allem aber bei den Innovationen zeichnet den erfolgreichen Jungunternehmer aus. All das wußten die Jungunternehmer einer früheren Generation nicht und wollten es auch nicht wissen, und all das wurde ursprünglich in und für bereits existierende Unternehmen, und besonders für große entwickelt. Es ist sicherlich kein Zufall, daß die heutigen Jungunternehmer im Gegensatz zu ihren Vorgängern meistens eine formale Management-Ausbildung genossen haben, oder daß sie

in großer Anzahl an Management-Seminaren teil-
nehmen. Ein großer Teil von ihnen – vielleicht sogar die meisten – wird erst dann zum Jungunternehmer, nachdem sie in existierenden Großbetrieben zum Manager ausgebildet worden sind.

Man vergleicht heute gern das angeblich veraltete
Management mit dem triumphal erfolgreichen
Neu- und Jungunternehmertum. (Reichs *The Next
American Frontier* wäre hier als ein Beispiel zu
nennen.) Es wäre jedoch vielleicht realistischer,
den Aufschwung des Jungunternehmertums als
Triumph des systematischen Managements zu sehen. Das zeigt sich auch in dem Lehrangebot der
ständig zahlreicher werdenden wirtschaftswissenschaftlichen Ausbildungsstätten, wo, um ein Kurs-
angebot zu zitieren, »systematisches Management
für Beginn, Aufbau und Verwaltung eines neuen
Unternehmens« gelehrt werden soll. Ich muß zwar
zugeben, daß ich selbst einem solchen Angebot mit
einer gewissen Skepsis gegenüberstehe, aber die
Studenten scheinbar nicht, denn der Problembe-
reich des Jungunternehmertums hat sich zu einem
sehr beliebten Kursthema entwickelt, und aus den
Reihen der Kursabsolventen rekrutiert sich eine
immer größer werdende Anzahl von erfolgreichen
Jungunternehmern.

Keine dieser Entwicklungslinien erklärt jedoch die
Explosion des Jungunternehmertums ganz, oder
warum es bisher vor allem ein amerikanisches
Phänomen geblieben ist. Irgendetwas hat sich bei
den jungen Leuten, ihrer Einstellung, ihren Werten

und ihren Zielen verändert. Wie soll man zum Beispiel die Tatsache erklären, daß plötzlich eine große Zahl von ihnen bereit ist, lange Jahre wie Besessene zu arbeiten und erhebliche Risiken auf sich zu nehmen, statt die Sicherheit großer Organisationen zu wählen? Wo sind sie den alle, die »Hedonisten«, die »Karrieristen«, die »Ja-Sager«, die »Konformisten«? Wie die Erklärung auch aussehen mag, sie paßt auf jeden Fall nicht zu den Orakelsprüchen der Propheten der letzten dreißig Jahre über die Entwicklung der »jüngeren Generation« – David Riesmann in *The Lonely Crowd* (Die einsame Masse), William White in *The Organization Man* (Der Organisationsmensch), Charles Reich in *The Greening of America* (Das Grünen Amerikas) oder Herbert Marcuse mit seinem eindimensionalen Menschen. Der wirtschaftliche Aufschwung des Jungunternehmertums ist sicherlich ebenso sehr ein kulturelles und psychologisches wie ein wirtschaftliches oder technologisches Ereignis.

# Schrumpfungskur für den Mittelbau

## (W.S.J., 25. 3. 1983)

In einem vielzitierten Artikel in der *Harvard Business Review* wurde vor 30 Jahren die Frage gestellt: »Ist das mittlere Management veraltet?« und mit einem bestimmten »Ja.« beantwortet. Statt jedoch zu verschwinden oder auch nur einzuschrumpfen, ist das mittlere Management in den letzten Dekaden geradezu explosionsartig angewachsen. In vielen Firmen ist der »Mittelbau« zwischen den unteren Abteilungsleitern und der Geschäftsleitung drei- oder viermal so schnell angewachsen wie der Verkauf, selbst wenn man nicht einmal die Auswirkungen der Inflation berücksichtigt.

Dieses Wachstum war nicht auf Großfirmen beschränkt; es ist sogar möglich, daß es bei kleinen oder mittelgroßen Betrieben noch schneller vonstattenging, weil vor 30 Jahren viele dieser Firmen außer der Eigner-Familie keinerlei Management aufzuweisen hatten. Nicht allein in der Wirtschaft war dieses Phänomen zu beobachten; in der Verwaltung, auf dem militärischen Bereich und in zahlreichen nicht profitorientierten Institutionen ist das Management sogar noch stärker angewachsen. Vor 30 Jahren hatte ein städtisches Krankenhaus mit 250 Betten einen Verwaltungs-Fachmann (oder sogar oft nur einen älteren Arzt, der nicht mehr praktizierte) und einen Direktor. Nun hat es drei oder vier Verwaltungsassistenten, einen Rechnungsprüfer und ein halbes Dutzend »Direktoren« – des Labors, der Röntgen-Abteilung, der Küchen, der Datenverarbeitung, und so fort. Eine kleine Hochschule, die ich kenne, hatte 1950 einen Präsidenten, einen Dekan, einen Assistenten, der außerdem für die Zulassungen verantwortlich war, sowie einen Angestellten, der die Bücher führte. Die Studentenzahlen haben sich seitdem von 500 auf 1000 verdoppelt; der Verwaltungsstab dagegen umfaßt jetzt drei Vizepräsidenten, vier Dekane und 17 Assistenten und ist damit um das sechsfache angewachsen.

Ein Teil dieses Wachstums ist durchaus gesund. Vor dreißig Jahren war das mittlere Management nach 25 Jahren mit sehr niedrigen Geburtenraten und 20 Jahren (von 1929 an) mit niedrigen Einstellungsquoten und langsamer Beförderung überarbeitet und überaltert. Außerdem sind seitdem alle Institutionen zusammen mit einem schnellen Bevölkerungs- und Wirtschaftswachstum ungeheuer expandiert, und auch die Wirtschaft ist komplexer geworden und neue Leistungen werden verlangt. Der Computer, der nach der Einschätzung der *Harvard Business Review* das mittlere Management verdrängen würde, hat stattdessen zahlreiche neue

Tätigkeitsbereiche im mittleren Management geschaffen.

Ein großer Teil dieses Wachstums aber – vielleicht
der größte Teil – war Inflation und nichts anderes.
Die Manager-Titel-Inflation war in den letzten
dreißig Jahren schlimmer als die Geld-Inflation. In
der Hochschule von 1950 zum Beispiel erledigten
fünf Sekretärinnen die gleiche Arbeit wie heute
sieben oder acht Dekane und Assistenten – und sie
erledigten sie gut. Der Leiter der Kreditabteilung
war damals genau das, ein Abteilungsleiter, oder
bestenfalls ein Manager; heute ist er Erster Vizepräsident. Früher gab es viele Gesellschaften mit
nur einem Vizepräsidenten. In der Armee und der
staatlichen Verwaltung war die Titelinflation sogar noch deutlicher.

Demographische Aspekte waren besonders in den
letzten zehn Jahren, in denen die »Baby-Schwem-
me« sich auch im Managertum auszuwirken begann, für ein schnelles Wachstum von Stellen und
Titeln im mittleren Management verantwortlich.
Als junge Leute in größerer Anzahl in die Organisationen eintraten, mußten ältere Beschäftigte befördert werden, um für die Nachrückenden Platz zu
schaffen, und als die Anfangsgehälter für die hoch
ausgebildeten Nachkömmlinge stiegen, mußten
auch die Älteren entsprechende Gehaltserhöhun-
gen und Titel bekommen.

Das Resultat davon ist, daß das mittlere Management heute in seinem Umfang zu fast grotesker
Aufgeblähtheit neigt. Der Entscheidungsfindungs-

prozeß wird dadurch zu einem Kriechgang verlangsamt, und es wird der Organisation immer mehr unmöglich, sich Veränderungen anzupassen. Selbst in hohen Positionen mit beeindruckenden Titeln wird von den Einzelnen immer weniger verlangt, sich Herausforderungen zu stellen und Ergebnisse vorzuweisen. So ist das Phänomen, daß die »Etappe« den Kampftruppen an Umfang und Bedeutung überlegen ist, keineswegs den Streitkräften vorbehalten, sondern findet sich in anderer Form fast überall. Viele Firmen, seien sie nun groß oder klein, sind ebenso bürokratisch geworden und leiden unter dem gleichen Übergewicht im Mittelbau.

In den nächsten Jahren aber wird die Zufuhr von jungen Leuten abnehmen, denn nach der Geburtenschwemme wird man in den Ausbildungsstätten nun die geburtenschwachen Jahrgänge erleben. Bis zum Ende dieser Dekade könnte sich der Nachschub an Management-Kandidaten im Vergleich zum jetzigen Stand bis zu 30% gesenkt haben. Es wird damit nicht nur immer leichter werden, die Aufblähung des mittleren Managements zu korrigieren, sondern auch immer wichtiger. Wollte man die gegenwärtige Anzahl von Stellen im mittleren Management auf der gleichen Höhe halten oder gar steigern, so würde das nur zu einer weiteren Steigerung der Gehälter und der Titelinflation in diesem Bereich führen. Es ist an der Zeit, eine Abmagerungskur für das mittlere Management durchzuführen.

Eine Möglichkeit ist Auszehrung. Wenn eine Stelle durch Pensionierung, Tod oder Kündigung frei wird, sollte sie nicht automatisch wieder besetzt werden. Man sollte sie vielmehr sechs oder acht Monate lang offenlassen und abwarten, was passiert. Erhebt sich dann nicht allseitig ein Geschrei, sie wieder zu besetzen, sollte sie gestrichen werden. Aus den wenigen Firmen, die das versucht haben, wird berichtet, daß ungefähr die Hälfte der so entstandenen Lücken sich nach sechs Monaten von selbst wieder geschlossen haben. Eine große Universität, die den gleichen Ansatz versucht hat, meldet ähnliche Ergebnisse.

Die Auszehrung sollte vor allem eingesetzt werden, um die Anzahl der »Management-Ebenen« zu verringern, denn sie haben in den vergangenen 30 Jahren noch mehr zugenommen als die Anzahl der Stellen im mittleren Management. In der großen Universität, die zur Zeit versucht, das Management einzuschränken, hat sich die Anzahl der Verwaltungsebenen doppelt so schnell vergrößert wie die der Verwaltungsplanstellen (die ihrerseits fast dreimal so schnell gewachsen ist wie die Anzahl der Studenten). Ähnliche oder sogar noch schlimmere Raten finden sich in vielen großen Firmen und Forschungslabors. Jede zusätzliche Ebene aber vergrößert die Starrheit und verlangsamt den Entscheidungsfindungsprozeß. Darüberhinaus halbiert nach einem Gesetz der Informationstheorie jede »Weitergabe« (d.h. »Ebene«) den Umfang der weitergegebenen Information und verdoppelt die

Störgeräusche. Wenn überhaupt, so sollten Ebenen viel langsamer zunehmen als die Anzahl der Stellen.

Die Rechtfertigung für dieses Wachstum des Managements wird verschwinden: es wird immer weniger Neulinge geben, die schnell in Stellen befördert werden müssen, für die sie unzureichend vorbereitet sind und in denen sie nicht lange genug bleiben, um sich die nötige Erfahrung erwerben zu können, bevor sie weiterbefördert werden. Die Altersstruktur im Management ändert sich zur Zeit rapide – das Durchschnittsalter, das nun bei Anfang dreißig liegt, wird auf über vierzig ansteigen – und das »Wunderkind«, das nach einer Anlernzeit von neunzig Tagen Spitzenleistungen bringen soll, wird durch Manager mit jahrelanger Berufserfahrung ersetzt werden. Es könnte sogar gut möglich sein, daß man zu der alten Faustregel zurückkehren wird, eine Beförderung wäre erst dann fällig, wenn der oder die Betroffene bereits genug über die *neue* Aufgabe weiß, um sie schon nach kurzer Zeit ohne Aufsicht ausführen zu können. Außerdem könnte die »Kontrollspanne« erheblich erweitert werden, wenn Untergebene zu größerer Eigenverantwortung angehalten werden und die Kommunikationen nach oben selbständig in die Hand nehmen. Wenn dann durch Auszehrung auf einer Ebene eine Lücke entsteht, wird die Ebene abgeschafft. Eine weitere mögliche Methode, um das mittlere Management auszudünnen, wäre, dem Ausbau von Stellen mehr Gewicht zu verleihen als Beförderungen. In den vergangenen 30 Jahren, und besonders in den letzten 10 oder 15, waren wir fast gezwungen, Beförderungen stärker zu betonen. Noch 1960 tendierten in den meisten Organisationen die oberen Manager zu recht hohem Alter. Da wegen der niedrigen Geburtenraten zwischen 1925 und 1950 und der noch niedrigeren Einstellungs- und Beförderungsraten während des größten Teils dieser Periode noch nicht annähernd genug Nachwuchs aus dem mittleren Management da war, um sie zu ersetzen, und schon gar nicht, um ein für eine schnelle Expansion ausreichendes Management aufzubauen, mußten Nachwuchskräfte befördert werden, bevor sie sich völlig bewährt hatten.

Nun aber ist der Markt zumindest kurzfristig ausgelastet. Wie groß ist zum Beispiel die Beförderungsmöglichkeit für den energischen und brillanten Vizepräsidenten einer großen Geschäftsbank mit 31 Jahren, wenn sein vorgesetzter Vizepräsident 38, dessen Vorgesetzter wiederum 46 und der Präsident der Bank 50 Jahre alt ist? Oder, um ein Beispiel aus dem akademischen Bereich zu nennen, für den Dozenten von 29, dessen zugeordneter Professor 34 Jahre alt ist, und der an einer Universität beschäftigt ist, deren Präsident 46 Jahre alt ist? Diese Nachwuchskräfte – und ihre noch jüngeren Untergebenen – können nur dadurch zu Leistungen angestachelt werden, daß man ihre Stellen erweitert, so daß sie wirklich gefordert werden und auf eine größere Autonomie hinarbeiten. Als Belohnung für eine hervorragende Leistung sollte nicht mehr die Beförderung, sondern immer mehr eine Erweiterung des Aufgabenbereichs winken.

Vor zwanzig Jahren stellten wir bei der Beurteilung der Leistungsbilanz eines Managers die Frage: »Ist er für eine Beförderung bereit?« Diese Frage müssen wir nun umformulieren: »Ist er bereit für eine größere Herausforderung, die ihm mehr abverlangt? Kann er zusätzlich zu seinem jetzigen Aufgabenbereich noch zusätzliche Verantwortungen übernehmen?«

# Reduzierung der Planungsbürokratie
### (W.S.J., 28. 4. 1982)

In den meisten amerikanischen Organisationen sind die »Planungsstäbe« – also die Kräfte, die analysieren und planen, ihre Sachkenntnis einsetzen, Strategien ausarbeiten und als Berater fungieren – mit großer Geschwindigkeit angewachsen. Dieses Wachstum ist auf dem nicht profitorientierten Sektor schneller als in der freien Wirtschaft, aber seit den 1950er Jahren ist in vielen Industriebetrieben die Einstellungsquote beim Stab fünf- bis zehnmal so schnell gestiegen als bei den »normalen Betriebsangehörigen«, die für Produktion, Buchhaltung, Forschung, Verkauf und Kundendienst zuständig sind. Das ungezügelte Wachstum und die exzessive Macht der Planungsstäbe wird von praktisch allen ausländischen Kritikern als eine ernste Schwäche der Industrie der U.S.A. betrachtet, und man hält es für einen entscheidenden Grund für ihre schlechten Leistungen.

Die Stäbe waren in Amerika nicht immer so aufgebläht. In den 50er Jahren sind viele ausländische Besucher, und zwar besonders aus Japan, in die Vereinigten Staaten gekommen, um es dort zu lernen, wie eine Gesellschaft ihren Stab einsetzen sollte. Es könnte sich für uns vielleicht als nützlich erweisen, uns selbst an einige der Lektionen zu erinnern, die unsere ausländischen Besucher in ihrem eigenen Land in die Praxis umgesetzt haben, die aber bei vielen amerikanischen Gesellschaften offensichtlich in Vergessenheit geraten sind.

Erstens sollte sich der Stab auf Aufgaben von größerer Bedeutung konzentrieren, die mehrere Jahre in Anspruch nehmen werden. Eine weniger bedeutende Aufgabe sollte, wenn überhaupt, im normalen Betriebsablauf von den jeweils zuständigen Kräften erledigt werden. Eine Aufgabe auch von größerer Bedeutung, die jedoch nicht Dauer-Aufgabe ist – zum Beispiel eine Umorganisation des Managements – sollte besser als einmaliger Auftrag behandelt werden. In einem solchen Fall wird entweder ein Berater von außen zugezogen, oder, was oft besser ist, eine speziell dafür gebildete Planungsgruppe wird mit der Aufgabe betraut. In beiden Fällen braucht sich der Betrieb nach Ausführung des Auftrags nicht mehr weiter damit zu belasten – der Berater von außen wird wieder weggeschickt oder die Planungsgruppe aufgelöst. Ein Stab von betriebsinternen »Organisationsberatern« dagegen wird sich sofort sein eigenes Reich aufbauen und beginnen, nach Möglichkeiten für »Umorganisation« zu suchen, was dem Betrieb unweigerlich Schaden zufügen wird.

Der Arbeitsbereich des Stabs sollte auf wenige Aufgaben mit hoher Priorität beschränkt bleiben. Gegen diese Regel wird am meisten verstoßen, und zwar besonders in großen Gesellschaften. Eine mir bekannte Personalabteilung ist in 28 Sektionen aufgesplittert, die alle unablässig »Strategien«, »Programme«, »Prozeduren«, »Handbücher« und »Ausbildungskurse« ausarbeiten; vor 30 Jahren waren es vier Sektionen gewesen. Eine andere Gesellschaft hat allein im »Marketing« 14 Sektionen. Ufert ein Stab aus, so verliert er damit an Effektivität und, was noch schlimmer ist, vernichtet zugleich die Effektivität der Beschäftigten, die für den Betriebsablauf selbst zuständig sind und konkrete Resultate produzieren. Jeder Stab ist fest davon überzeugt, daß sein Aufgabenbereich der wichtigste ist, sei es nun Lohn- und Gehälter-Verwaltung, Verkaufsprognosen oder Inventur-Verwaltung. Jeder arbeitet eifrig Strategien und Prozeduren aus und erwartet dann von den anderen Betriebsangehörigen vom untersten Abteilungsleiter bis zum Verwaltungschef die entsprechende Zeit und Aufmerksamkeit.

Wenn die Anzahl der Aufgaben, die dem Stab zugewiesen werden, nicht einer scharfen Kontrolle unterworfen wird, wird er immer mehr von dem verschlingen, was für die ausführenden Betriebsangehörigen am knappsten ist: Zeit. Ich verwende hier gern einen einfachen Test: Wenn die Arbeit des Planungsstabs in seiner Gesamtheit – von der Planung und Kapitalfluß-Analyse bis zur PR-Strategie – auf einer beliebigen Ebene des Betriebs mehr Zeit der Beschäftigten in Anspruch nimmt als drei oder vier Tage pro Monat, dann muß dieser Stab, außer in seltenen Augenblicken einer Krise, reduziert werden.

Das bedeutet, daß der Stab jedesmal, wenn er eine neue Aufgabe übernimmt, eine alte aufgeben sollte. »Also gut, Sie wollen eine Produktivitätsprüfung durchführen«, sagt man zum Beispiel zum Vizepräsidenten der Personalabteilung. »Welche von den Dingen, mit denen Sie sich gerade beschäftigen, werden Sie dafür aufgeben?«

Für einen effektiven Einsatz des Stabs sind spezifische Zielsetzungen und klare Termine notwendig. »Wir erwarten, unentschuldigtes Fehlen innerhalb von drei Jahren auf die Hälfte zu reduzieren.« oder: »Wir erwarten, innerhalb von zwei Jahren die Aufteilung unserer Märkte ausreichend analysiert zu haben, so daß wir bis dahin das Sortiment unserer Erzeugnisse um mindestens ein Drittel reduzieren können.« Mit solchen Zielsetzungen kann ein Planungsstab produktiv arbeiten. Vage Absichtserklärungen, wie »Wir wollen das Verhalten unserer Beschäftigten in den Griff bekommen.«, oder »Wir wollen eine Studie über die Kundenmotivierung erstellen.«, sind dafür nicht geeignet.

Es ist wichtig, sich ungefähr alle drei Jahre mit jeder Abteilung des Stabs zusammenzusetzen und die Frage zu stellen: »Was haben Sie während der letzten drei Jahre beigetragen, was sich für unsere Gesellschaft konkret ausgewirkt hat?« Die Arbeit des Stabs in einem Betrieb, einem Krankenhaus oder einer Regierungsbehörde dient nicht der Erweiterung des Wissens; die einzige Rechtfertigung seiner Existenz ist die Verbesserung der Leistung der Betriebsangehörigen und der gesamten Organisation.

Die Regeln für die Besetzung des Planungsstabs sind ebenso wichtig wie die seiner Arbeit. So sollte zum Beispiel niemand für Stabsarbeit eingesetzt werden, der nicht vorher erfolgreich eine Anzahl betrieblicher Stellen ausgefüllt hat, und zwar am besten in mehr als einem Funktionsbereich. Wenn nämlich einem Angehörigen des Planungsstabs die praktische Erfahrung fehlt, wird er der praktischen Ausführung seiner Pläne immer mit Arroganz gegenüberstehen, weil sie für den »Planer« einfach aussieht. Außerdem wird er, wenn er sich nicht in der Praxis bewiesen hat, bei den anderen Betriebsangehörigen unglaubwürdig und als »Theoretiker« abgetan.

Dies ist eine so grundsätzliche Regel, daß man sich sogar in der extremsten Verfechterin der »Überlegenheit des Stabs«, der preußischen Armee des 19. Jahrhunderts, strikt daran gehalten hat. Ein Offizier mußte zweimal in der Truppe befördert werden – vom Sekonde- zum Ersten Leutnant, und dann zum Hauptmann – bevor er sich für die Stabsoffiziersprüfung melden konnte.

Heute jedoch setzen wir junge Leute, die gerade von der Universität kommen, als Analytiker, Planer oder Berater in recht hohe Stellungen. Ihre Arroganz und die Ablehnung, die ihnen von den pra-

xis-orientierten Betriebsangehörigen entgegenge-
bracht wird, sind praktisch eine Garantie für vollständige Unproduktivität. In Japan dagegen wird
niemand für Stabsarbeit eingesetzt – und das gilt
für die Wirtschaft ebenso wie für Regierungsbehörden – wenn er nicht vorher mindestens sieben, gewöhnlich aber zehn Jahre lang erfolgreich in drei
oder vier verschiedenen Gebieten praktisch gearbeitet hat.

Abgesehen von seltenen Ausnahmen sollte die Beschäftigung in einem Planungsstab nicht eine
»Karriere«, sondern nur ein *Teil* von ihr sein. Nach
fünf oder sieben Jahren Arbeit in einem Stab sollte
der oder die Betreffende wieder zu praktischer Arbeit zurückkehren und dann ungefähr fünf Jahre
lang nicht mehr in dem Stab eingesetzt werden.
Sonst werden die Angehörigen des Planungsstabs
bald zu Drahtziehern hinter den Kulissen, zu
»grauen Eminenzen«, zu »Königsmachern« wie
die brillanten Unruhestifter in dem Stab der preußischen Armee.

Die Arbeit im Stab trägt *per definitionem* eine
hohe Autorität in sich, die Autorität des Wissens.
Die Verantwortung dagegen fehlt ihr; ihre Aufgabe
ist die Beratung, Planung und Prognose, und nicht
die Entscheidung, Durchführung und Realisierung
von Plänen, und nach einer uralten Erkenntnis aus
der Politik korrumpiert Macht ohne Verantwortung.

Vor allem aber ist das wahre Ziel der Arbeit eines
Planungsstabs eine Steigerung von Effektivität und

Produktivität aller Beschäftigten. Der Stab ist da als Stütze und Hilfe für die praktisch arbeitenden Betriebsangehörigen, und nicht als ihr Ersatz.

# Management bei Null-Wachstum

*(W.S.J., 30. 12. 1983)*

Fast jede Gesellschaft, die ich kenne, hat sich noch
immer ein zehnprozentiges Wirtschaftswachstum
pro Jahr zum Ziel gesetzt. Es gibt jedoch in den ver-
schiedensten Industriezweigen viele, die in den
nächsten Jahren höchstwahrscheinlich nicht
wachsen werden, wie sich die Wirtschaft auch entwickeln mag. Bestenfalls werden sie so schnell an-
wachsen wie die Bevölkerung, also sehr langsam.
Das gilt nicht allein für den wirtschaftlichen Bereich, sondern in noch höherem Maß für andere Institutionen wie Schulen, Universitäten und Kran-
kenhäuser. Trotzdem haben heute nur sehr wenige
Manager eine Organisation mit Null-Wachstum
geleitet.
Die wichtigste Anforderung dabei ist die Aufrechterhaltung und sogar Verbesserung der menschlichen Leistungsfähigkeit und -bereitschaft, und
zwar besonders in Verwaltung und Management.
Wenn eine Gesellschaft oder Industrie kompetente
Kräfte nicht mehr zu interessieren und zu halten

vermag, hat bei ihr der Verfall bereits eingesetzt; der langfristig darauf folgende Niedergang ist nur mit äußersten Schwierigkeiten umzukehren. Kompetente Kräfte bleiben selbst während einer Depression nicht an einem Arbeitsplatz, der ihnen keine Herausforderungen und Gelegenheiten bringt und wo sie keine Leistungen sehen.

Die Gesellschaft mit Null-Wachstum muß daher darauf achten, daß die in den Stellen geforderten Aufgaben breit gestreut sind und Herausforderungen bringen, und das ganz besonders in den ersten Berufsjahren. Das bedeutet eine vollständige Abkehr von unserer Praxis in den letzten dreißig Jahren. Während des größten Teils dieser Zeit – bis in die späten siebziger Jahre – hatten wir eine schnelle Expansion. Trotzdem waren gute junge Kräfte nicht eben häufig; erst Mitte der siebziger Jahre traten die Angehörigen der geburtenstarken Jahrgänge in größerer Anzahl ins Berufsleben ein. Wir neigten daher dazu, die Stellen für Berufsanfänger eng und leicht zu bewältigend einzurichten und das Management schichtweise aufzubauen, um unerfahrene Kräfte genau im Auge behalten zu können. Vor allem neigten wir dazu, jeden sehr schnell zu befördern, der Leistungsfähigkeit erkennen ließ. Diese Vorgehensweise müssen wir jetzt umkehren.

Wir werden vor allem die Stelle und den auf ihr durchzuführenden Aufgabenbereich herausfordernd gestalten und Leistungen anerkennen müssen, statt Beförderungen um jeden Preis den Vorrang zu geben, wie wir das in den letzten zwanzig oder dreißig Jahren getan haben. Diese Praxis war keineswegs auf die Wirtschaft beschränkt; auf der Universität und in der Armee war der Stellenwert von Beförderungen sogar noch größer. In diesen letzten Dekaden folgte auf jede Beförderung praktisch sofort die typische Frage: »Und was muß ich jetzt anfangen, um sofort die nächste Beförderung zu bekommen?« Nun werden wir die Stellen so einrichten müssen, daß die jungen Leute fragen: »Was kann ich tun, damit mein Aufgabenbereich umfassender, herausfordernder wird, und ich mehr leiste und mehr Anerkennung dafür erhalte?« Wir werden außerdem wieder lernen müssen, daß Anerkennungen, sei sie nun finanzieller oder anderer Art, zu Leistungssteigerungen in dem Aufgabenbereich selbst motivieren müssen, statt von ihnen nur Beförderungen zu erwarten. In der Gesellschaft mit Null-Wachstum sollte nämlich das Freiwerden einer Stelle die Gelegenheit sein, diese Stelle zu streichen, und nicht wie bisher der Anlaß für eine Beförderung.

Trotzdem muß auch bei Null-Wachstum eine Weiterentwicklung und berufliche Verbesserung gewährleistet bleiben, damit die Gesellschaft oder Organisation für junge Kräfte attraktiv ist und sie tüchtige Kräfte halten kann. Sie würde sonst bald in organisatorische Senilität abgleiten. Das steht mit dem im Zusammenhang, was man beim Militär schon lange weiß, die mittelalterlichen Organisationsangehörigen, die in ihr den Gipfel ihrer Leistungsfähigkeit erreicht haben und nicht weiter befördert werden, sollten in den Ruhestand geschickt oder entlassen werden. Selbst wo es möglich ist, einer jüngeren Kraft eine höhere Position als einer älteren zu geben, ist es nicht leicht und geschieht nicht oft. Wenn die mittelalterlichen Angehörigen des Managements jedoch nicht aus ihr entfernt werden können, wenn sie nicht weiter zu befördern sind, werden jüngere Leute unter ihnen blockiert. Sie werden dann entweder kündigen oder, schlimmer noch, in ihrer Stelle stagnieren, die Initiative verlieren und für den Betrieb wertlos werden. Beim Militär werden solche Leute in den Ruhestand geschickt. In einem Betrieb, einem Krankenhaus oder einer Universität ist das nicht möglich, schon weil man hier die Kosten, die daraus entstehen, nicht tragen könnte. Gesellschaften mit Null-Wachstum werden es lernen müssen, für solche Leute eine neue, zweite Karriere einzurichten. Sie sind gewöhnlich nicht »ausgebrannt«, sondern langweilen sich einfach und brauchen ein neues Tätigkeitsfeld, die Herausforderung einer neuen Position, einer neuen Umgebung und neuer Kollegen. Wenn die Gesellschaft ohne Wachstum jedoch nicht ganz deutlich klarstellt, daß sie Angehörige von Management und Verwaltung, die nicht mehr befördert werden können, nicht ewig halten wird, für diesen Fall aber zugleich die Verantwortung dafür übernimmt, diesen Leuten zu helfen und neue Tätigkeitsbereiche und Herausforderungen für sie zu finden, so wird sie sich schon bald nicht mehr in der Lage sehen, Nachwuchskräfte anzuziehen. Sie wird damit überaltern und ihren allmählichen Niedergang erleben.

Wenn nun die Firma nicht weiter wächst, muß sie besser werden. Jede Organisation braucht Ziele, die sie fordern. Wenn die Aussage: »Wir planen, unsere Größe innerhalb der nächsten zehn Jahre zu verdoppeln.« nicht mehr realistisch ist, muß das neue Ziel so lauten: »Wir planen, unsere Produktivitäten innerhalb der nächsten zehn Jahre zu verdoppeln.« – die Produktivität des Kapitals, der wichtigsten Rohstoffe und der Arbeit. Produktivitätssteigerung ist *immer* ein realistisches Ziel, und sie ist *immer* zu erreichen. Unter normalen Umständen ist dafür nicht mehr nötig als Engagement von der obersten Leitung bis zum untersten Lagerarbeiter sowie gewissenhafte, harte, nicht spektakuläre Arbeit Tag für Tag. Außerdem wird eine Gesellschaft, die ernsthaft an ihrer Produktivität arbeitet, auch bald über die Mittel verfügen, ihre Beschäftigten zu belohnen.

Es gibt jedoch auch einiges, was in einer Gesellschaft mit Null-Wachstum unbedingt zu vermeiden ist. Man sollte sich nicht übereilt in »Wachstumsindustrien« stürzen. Es gibt kein »leichtes Geschäft«. Es ist weiter zu berücksichtigen, daß in den meisten Gesellschaften ohne Wachstum noch für viele Jahre die alltäglichen laufenden Geschäfte die Haupteinkommensquelle sein werden. Wenn diese Geschäfte vernachlässigt werden, weil «Diversifizierung« in »Wachstumsindustrien« mit ihrer Aufregung eine zu große Ablenkung war, wird alles verlorengehen, und darunter auch das aufregende neue Geschäft. Die erste Frage, die bei Diversifizierung und Neuerwerb immer gestellt werden muß, lautet: »Was können wir beisteuern, das sich bei dem neuen Unternehmen oder dem Neuerwerb entscheidend auswirken wird?« Wenn die Antwort »Nichts« (oder »Nichts außer Geld«) lautet, wird das Resultat höchstwahrscheinlich eine Katastrophe sein.

Außerdem muß es das Unternehmen mit Null-Wachstum vermeiden, dieses Null-Wachstum zu einer Prophezeihung werden zu lassen, mit der es sich selbst beschränkt. In einem solchen Unternehmen muß sich das Management ständig fragen: »Was sind unsere Stärken? Und wo sind die neuen Gelegenheiten, sie wegen Veränderungen der Bevölkerung und der Bevölkerungsstruktur, oder wegen Veränderungen auf dem Markt und der Verteilung, oder wegen Veränderungen in der Technologie produktiv einzusetzen?«

Eine Organisation, die die Leistungsfähigkeit ihrer Beschäftigten auf der Höhe hält und ihre Produktivitäten ständig steigert, wird wahrscheinlich recht bald große Möglichkeiten für ein neues Wachstum finden. Selbst bei stagnierenden Industrien klopfen Gelegenheiten an die Tür. Ein gutes Beispiel sind die größeren amerikanischen Eisenbahngesellschaften in den letzten zehn Jahren. Noch vor 25 Jahren hätte man ihre Erholung für ebenso unwahrscheinlich gehalten wie die Auferstehung des Lazarus von den Toten. Selbst während langer, schwerer Depressionen werden Gelegenheiten an die Tür klopfen. Auch in den dreißiger Jahren waren sie für jede Organisation zahlreich vorhanden, die ständig an ihrer Verbesserung arbeitete. IBM zum Beispiel legte damals den Grundstein für ihr Wachstum von einer kleinen, unbedeutenden Zulieferungsfirma zu einer weltumspannenden Organisation. Die Gelegenheit klopft jedoch nur bei denen an die Tür, die das auch verdienen.

# Die fünf Regeln
## erfolgreicher Acquisition

*(W.S.J., 15. 10. 1981)*

In vielen Ländern, und besonders in Deutschland und der Schweiz, erklärt man häufig die gegenwärtige (1981) amerikanische »Acquisitionsmanie« mit dem Fehlen von Loyalität der Firma gegenüber. Es wird oft versichert, daß die amerikanischen Angestellten, Chefs, Aktionäre und Bankiers kaum eine Verpflichtung ihren Gesellschaften gegenüber empfinden; man ist aber der Meinung, daß im Gegensatz dazu in Deutschland diese Gruppen sich eng mit den Gesellschaften verbunden fühlen.

Ironischerweise hat aber ausgerechnet in Deutschland einer der größten Acquisitions-Booms der Geschichte stattgefunden. Von 1920–1922, einer Zeit chronischer Inflation in Deutschland bis zu der Hyper-Inflation von 1923, die die Mark wertlos machte, kam es hier zu einer ungeheuren Acquisitionswelle.

Während der Inflation von 1920 und 1921 bauten sich Außenseiter wie Hugo Stinnes, Friedrich Flick und Alfred Hugenberg – die nur wenige Jahre vorher noch praktisch unbekannt waren – ungeheure

Industrie-Imperien auf, indem sie viele von den alt-
eingesessensten und wohlhabendsten Gesellschaften Deutschlands übernahmen. Von den alteingesessenen Firmen folgte damals nur Krupp einer aggressiven Acquisitionspolitik. Wie die kürzlich
stattgefundene DuPont-Conoco-Fusion waren jedoch auch in Deutschland viele Fusionen nur das
Ergebnis einer heillosen Flucht vor einem uner-
wünschten Partner und keineswegs eine Liebes-
heirat.

Inflation also und nicht »fehlende Loyalität« – oder
sonst irgendein realer oder eingebildeter Aspekt
des amerikanischen Nationalcharakters – steht
hinter der gegenwärtigen Acquisitionswelle. Während einer ernsten und chronischen Inflation stehen Festposten wie Fabriken oder Läden gewöhnlich zu Preisen zum Verkauf, die weit unter ihrem
Buchwert liegen, von ihren Wiederbeschaffungs-
wert ganz zu schweigen (es ist dabei allerdings
auch wichtig, zu bedenken, daß eine niedrige No-
tierung der Aktiva an der Börse auch eine rationale
Reaktion auf ständige Unterabschreibung sein
kann). Selbst bei einem Zinssatz von 20% erscheinen Anleihen zur Finanzierung von Acquisitionen
recht billig und risikolos, wenn man von einer
ständigen hohen Inflationsrate ausgeht.

Die Kosten für einen Neubau sind dagegen ab-
schreckend hoch, weil während einer Inflation die
Preise von Produktionsgütern dazu neigen, weit
schneller zu steigen als der Verbraucherpreis-In-
dex. Wenn man berücksichtigt, wie hoch die Zin-

sen gegenwärtig sind, und daß nach einer bewährten Faustregel bei jedem Neuanfang wegen des Risikofaktors ein Zuschlag mindestens in Höhe des Zinsfußes veranschlagt werden muß, kommt man zu dem Ergebnis, daß eine neue Investition sich innerhalb von weniger als zwei Jahren auszahlen muß, um zum Investitionszeitpunkt überhaupt einen Wert zu haben. Damit sieht ein Ankauf weit billiger aus als ein Neubau.

Der Acquisitionsboom hat also kurz gesagt keine geschäftlichen Gründe, sondern stellt eine Flucht vom Geld zu Sachwerten dar. Trotzdem muß eine Acquisition auch geschäftlich sinnvoll sein, weil sie sonst langfristig selbst als finanzieller Schachzug scheitern muß. Sie führt sowohl zu geschäftlichem als auch zu finanziellem Ruin.

Es gibt fünf einfache Regeln für Acquisitionen, die von allen erfolgreichen Acquisiteuren seit den Tagen J. P. Morgans vor hundert Jahren befolgt worden sind.

1) Eine Acquisition ist nur dann erfolgreich, wenn die kaufende Gesellschaft genau durchdenkt, was sie zu der Firma, die sie kauft, beitragen kann und nicht umgekehrt, ganz gleich, wie attraktiv die erwartete gemeinsame Leistung auch aussehen mag. Der Beitrag des Acquisiteurs kann unterschiedlicher Art sein. Er könnte Management, Technologie oder eine starke Verteilerkette sein. Geld allein reicht nie aus. General Motors hat mit den Dieselmotor-Werken, die sie gekauft hat, viel Erfolg gehabt; man konnte sowohl Technologie als auch

Management beisteuern. In den beiden Bereichen dagegen, in denen hauptsächlich Geld beigesteuert wurde – schwere Planiergeräte und Flugzeugmotoren – blieb der Erfolg aus.

2) Bei einer erfolgreichen Diversifizierung durch Acquisition ist wie bei jeder erfolgreichen Diversifizierung ein gemeinsamer, verbindender Kern notwendig. Die beiden Firmen müssen entweder Märkte oder Technologie gemeinsam haben, obwohl manchmal ein vergleichbarer Produktionsprozeß und eine gemeinsame Sprache eine ausreichende Einheit von Erfahrung und Sachkenntnis bringen konnten, um zwei Firmen wirklich verschmelzen zu lassen. Ohne einen solchen gemeinsamen Kern hat Diversifizierung, und besonders durch Acquisition, nie Erfolg; finanzielle Verbindungen allein reichen nicht aus. In der Sprache der Sozialwissenschaftler muß es eine »gemeinsame Kultur« oder zumindest eine »kulturelle Affinität« geben.

3) Keine Acquisition wird Erfolg haben, wenn die Belegschaft der acquirierenden Gesellschaft das Produkt, die Märkte und die Kunden der Firma nicht respektiert, die gekauft werden soll. Die beiden Gesellschaften müssen vom Temperament her zusammenpassen.

Obwohl in den letzten 20 oder 30 Jahren viele pharmazeutische Werke Kosmetik-Firmen aufgekauft haben, hat noch keine von ihnen einen sonderlichen Erfolg damit gehabt. Pharmakologen und Biochemiker sind »ernsthafte Wissenschaftler«, die sowohl Lippenstifte als auch ihre Benutzerinnen für frivol halten.

So ist es auch keiner der großen Fernsehgesellschaften oder anderen Gesellschaften aus der Unterhaltungsindustrie gelungen, mit den angekauften Verlagen einen Erfolg zu erzielen. Bücher sind keine »Medien«, und weder die Käufer von Büchern noch ihre Autoren – die beiden Kunden eines Verlags – haben irgendeine Ähnlichkeit mit dem, was man bei den Fernsehgesellschaften gemeinhin als »Publikum« bezeichnet. Früher oder später, und gewöhnlich ist es früher, muß in einer Firma eine Entscheidung fallen. Wer nun die Firma, ihre Produkte und Kunden nicht respektiert, wird unweigerlich die falsche Entscheidung treffen.

4) Innerhalb ungefähr eines Jahres muß der Acquisiteur in der Lage sein, für die aufgekaufte Gesellschaft eine neue Firmenspitze zu stellen. Wer glaubt, er könne Management »kaufen«, begeht damit einen elementaren Fehler. Der Käufer muß sich darauf vorbereiten, die Spitzenkräfte in der aufgekauften Gesellschaft zu verlieren. Sie sind an ihre Stellung gewöhnt und wollen nicht zu Abteilungs-Managern degradiert werden. Wenn sie vorher Eigentümer oder teilweise Eigentümer waren, hat die Fusion sie so reich gemacht, daß sie es nicht nötig haben, zu bleiben, wenn sie das nicht wollen. Wenn sie professionelle Manager ohne eigene Besitzanteile waren, finden sie gewöhnlich recht leicht eine andere Stelle. Wenn man aber dann Spitzenkräfte von Außen rekrutieren muß, so geht

man damit ein Risiko ein, das sich nur selten aus-
zahlt.

5) Es ist innerhalb des ersten Jahres nach der Fusion wichtig, einen großen Teil des Managements
beider Gesellschaften deutlich spürbar »quer« –
d.h. von einer der früheren Gesellschaften zur anderen – zu befördern. Das Ziel dabei ist es, die Manager in beiden Gesellschaften davon zu überzeugen, daß die Fusion ihnen beruflich persönliche
Vorteile bringt.

Dieses Prinzip gilt nicht nur für die Führungskräfte, sondern auch für das jüngere leitende Personal,
die Betriebsangehörigen, von deren Einsatz und
Leistungen jede Firma primär abhängig ist. Wenn
sie sich als Ergebnis einer Acquisition blockiert sehen, werden sie mit ihren Füßen abstimmen, und
in der Regel finden sie sogar noch leichter als die
Angehörigen des obersten Managements eine neue
Stelle.

Die meisten Führungskräfte akzeptieren diese Regeln, zumindest nach den schlechten Erfahrungen
mit der massenhaften Fusionsbewegung in den
späten 1960er Jahren. Sie bringen jedoch das Argument vor, daß diese Prinzipien auf eine Infla-
tionsperiode nicht zutreffen, weil dann finanzielle
und makro-ökonomische und nicht geschäftliche
Grundlagen bestimmend sind.

Hier liefert die deutsche Erfahrung vor sechzig Jahren ein überzeugendes Gegenargument. Von den
vier großen Acquisiteuren dieser Zeit hatten nur
Hugenberg und Flick Erfolg. Hugenberg kaufte Zei-

tungen auf und baute die erste moderne Zeitungs-
kette auf. Er überlebte und hatte sogar großen Erfolg, bis Hitler, dem er an die Macht geholfen hatte,
ihn enteignete. Flick kaufte nur Stahl- und Kohle-
Gesellschaften und überlebte sowohl beide Welt-
kriege als auch eine Haftzeit als Nazi-Kriegsverbre-
cher, um dann ein weiteres, noch größeres Impe-
rium aufzubauen, bevor er vor einigen Jahren starb.
Stinnes dagegen, der noch 1919 ein völlig unbe-
kannter Kohlengroßhändler war, beherrschte 1922
die deutsche Industrie in einem Ausmaß, wie davor oder danach kein anderer einzelner Mensch die
Industrie eines bedeutenden Landes beherrscht
hat. Neun Monate nach dem Ende der Inflation in
Deutschland aber war das Stinnes-Imperium – eine
heterogene Zusammenstellung von Stahlwerken,
Schiffahrtslinien, chemischen Werken, Banken
und anderer Betriebe, die nichts miteinander zu
tun hatten – bankrott und wurde aufgelöst.
Krupp, Jahrzehnte Deutschlands reichste und
mächtigste Firma, überlebte zwar, konnte aber die
Vielfalt der Gesellschaften, die aufgekauft worden
waren – Reedereien, eine LKW-Fabrik, Werkzeug-
maschinenfabriken und andere – nicht bewältigen.
Krupp war durch diese Acquisitionen ausgeblutet.
Anfang der 1970er Jahre wurde die Familie Krupp
aus der Leitung herausgedrängt und verlor ihre Besitzanteile an der Firma. Die Kontrolle über die
halbtote Firma wurde zu einem Spottpreis an den
Schah von Persien verkauft.
Die einfachen Regeln der erfolgreichen Acquisi-

tion gelten also auch während einer Inflation. Auch an der Börse spürt man die Problematik der Erwerbungen – zumindest seit den schlechten Erfahrungen mit Acquisitions-Konglomeraten in den 1960er Jahren. Das erklärt, warum so oft die Nachricht von einer bedeutenden Acquisition ein deutliches Sinken der Aktien der aufkaufenden Gesellschaft auslöst.

Trotzdem werden diese Regeln bei Acquisitionen weithin ignoriert, und zwar von den beiden beteiligten Gesellschaften oder Firmen ebenso wie von den Banken, wenn sie sich zur Finanzierung eines Acquisitionsangebots entschließen. In der Geschichte finden sich jedoch zahlreiche Beweise dafür, daß Investoren und Firmenleitungen ebenso wie die Banken, die sie finanzieren, bald in Schwierigkeiten geraten, wenn sie eine Acquisition nicht nach gesunden Geschäftsprinzipien beurteilen.

# Die innovative Gesellschaft

## (W.S.J., 26. 2. 1982)

Die Überzeugung ist weit verbreitet, daß große Gesellschaften zu Innovationen nicht fähig sind. Das
ist einfach nicht richtig: Merck, Citibank und 3M
sind nur drei Beispiele für äußerst innovative
Großgesellschaften. Es trifft jedoch zu, daß eine
Gesellschaft für eine erfolgreiche Innovation anders geführt werden muß als die typische »gut geleitete« Firma, sei sie nun groß oder klein.
Der innovativen Gesellschaft ist es klar, daß Innovation mit einer Idee beginnt. Nun ähneln Ideen in
gewisser Beziehung Babys – sie werden klein, un-
ausgereift und ohne ihre endgültige Form geboren.
Sie sind eher ein Versprechen als eine Erfüllung.
Die Führung einer innovativen Gesellschaft sagt
nicht: »Das ist eine blödsinnige Idee.«, sondern sie
fragt: »Was wäre nötig, um diese unausgereifte,
nicht durchdachte, törichte Idee in einen Plan zu
verwandeln, der einen Sinn ergibt, durchführbar ist
und uns eine Gelegenheit eröffnet?«
Die innovative Gesellschaft weiß jedoch auch, daß
die große Mehrheit der Ideen diesen Anforderungen nicht genügen wird. Wie bei Froschlaich schaf-

fen von tausend Keimzellen nur zwei oder drei den langen Weg bis zur Reife. Daher verlangt die Leitung einer innovativen Gesellschaft von den Leuten mit Ideen, daß sie die *Arbeit* kalkulieren, die nötig ist, um eine Idee in ein Produkt, einen Prozeß, ein Geschäft oder eine Technologie zu verwandeln. Sie fragen: »Welche Arbeit wäre von uns zu leisten und was müßten wir herausbekommen und lernen, bevor wir uns mit unserer Gesellschaft auf Ihre Idee festlegen können?«

Diese Leitung weiß, daß die Verwandlung einer kleinen Idee in Wirklichkeit ebenso risikoreich und schwierig ist wie eine bedeutende Innovation. Ihr Ziel ist nicht eine »Verbesserung« oder »Modifikation« eines Produkts oder einer Technologie, sondern die Innovation eines neuen Geschäftsbereichs. Sie weiß außerdem, daß Innovation nicht der Begriff eines Wissenschaftlers oder Technologen, sondern des Geschäftsmanns ist.

Innovation bedeutet nämlich die Schaffung eines neuen Werts und die neue Zufriedenstellung des Verbrauchers. Organisationen messen daher Innovationen nicht nach ihrer wissenschaftlichen oder technologischen Bedeutung, sondern danach, was sie dem Markt und dem Verbraucher bringen. Damit ist »soziale Innovation« ebenso wichtig wie »technologische Innovation«. So hat sich zum Beispiel das Abzahlungsgeschäft auf die Wirtschaft und den Markt möglicherweise einschneidender ausgewirkt als der größte Teil der großen »technologischen Fortschritte« dieses Jahrhunderts.

In der innovativen Gesellschaft weiß man, daß der größte Markt für eine erfolgreiche neue Idee gewöhnlich unerwartet ist. Alfred Nobel versuchte mit seiner Entwicklung des Dynamits einen besseren militärischen Sprengstoff zu finden. Dynamit ist jedoch für die Verwendung in Bomben und Geschossen zu instabil; es wurde stattdessen für die Entfernung von Fels und Gestein verwendet und ersetzte im Bergbau, Straßen- und Eisenbahnbau sowie im Gebäudebau Schaufel und Hacke. IBM konnte daher seine Beherrschung des Großcomputermarkts aufbauen, weil man sich hier damit zufrieden gab, daß die größte Nachfrage nach Computern nicht aus dem wissenschaftlichen und militärischen Bereich – die beiden Verwendungszwecke, für die der Computer entwickelt worden war – kam, sondern daß er für so prosaische Zwecke wie Buchhaltung und Inventurkontrolle benutzt würde.

Innovative Gesellschaften beginnen nicht mit einem »Forschungsetat«, sondern hören damit auf. Sie beginnen mit der genauen Kalkulation, wieviel Innovation nötig ist, damit das Geschäft ausgeglichen bleibt. Sie gehen davon aus, daß *alle* existierenden Produkte, Dienstleistungen, Prozesse und Märkte veralten – und das recht schnell. Sie versuchen, die Verfallsgeschwindigkeit zu schätzen und dann die »Lücke« zu finden, die die Gesellschaft mit ihrer Innovation ausfüllen muß, wenn sie nicht selbst verfallen will. Die Verantwortlichen müssen wissen, daß das Innovationsprogramm in seinem Umfang die »Innovationslücke« weit übertreffen muß, denn nicht mehr als ein Drittel – wenn es so viel ist – davon wird auch tatsächlich Realität werden. Sie wissen daher, wie groß die Innovationsanstrengungen und der Innovationsetat sein müssen, die sie als das absolute Minimum brauchen werden.

»Aber«, sagt der Vorsitzende einer äußerst erfolgreichen innovativen Gesellschaft, »dann verdopple ich den Umfang der Bemühungen und des Etats. Die Konkurrenz ist schließlich auch nicht dümmer als wir, und sie könnte mehr Glück haben.«

Ein kluger Vorstand weiß, daß nicht Geld, sondern Menschen Innovationen produzieren und daß bei innovativer Arbeit Qualität weit mehr zählt als Quantität. Sie geben nicht einen Pfennig aus, solange nicht eine erstklassige Fachkraft da ist, um die Arbeit durchzuführen. In dem anfänglichen, entscheidenden Stadium ist für eine erfolgreiche Innovation nur selten so viel Geld nötig. Was hier gebraucht wird, sind einige wenige äußerst kompetente Kräfte, die sich der Aufgabe voll und ganz widmen, sich von ihr antreiben lassen, ihr ihre gesamte Arbeitskraft opfern und sehr hart arbeiten. Solche Gesellschaften werden immer eher eine Person oder ein Team fördern als ein Projekt, bis die innovative Idee sich bewährt hat.

Diese Organisationen wissen jedoch auch, daß die Mehrheit der innovativen Ideen nie »Resultate« bringen wird, so brillant sie auch sein mögen.

Sie gehen daher mit innovativen Ideen völlig an-

234

ders um als mit bereits laufenden Geschäften, was Planung, Etat, Erwartungen und Kontrollen anbetrifft.

Typische innovative Gesellschaften haben zwei getrennte Etats: einen Betriebs-Etat und einen Innovations-Etat. Der Betriebs-Etat ist für alles da, was bereits durchgeführt worden ist. Der Innovations-Etat ist für alles da, was unterschiedlich und neu ist, und für die Ausarbeitung der konkreten Unterschiede. Der Betriebs-Etat ist selbst in einer mittelgroßen Gesellschaft hunderte von Seiten lang, während der Innovations-Etat selbst in riesigen Gesellschaften selten mehr als auf fünfzig oder sechzig Seiten kommt. Die Firmenspitze aber widmet dem Innovations-Etat mit seinen fünfzig Seiten ebensoviel Zeit und Aufmerksamkeit wie den 500 Seiten des Betriebs-Etats – gewöhnlich sogar mehr.

Die Firmenspitze stellt zu dem Innovations-Etat andere Fragen: »Wieviel Anstrengungen sind mindestens notwendig, damit die Sache nicht zusammenbricht?« und »Wieviel Anstrengungen sind zumindest nötig, um das bestmögliche Verhältnis zwischen Anstrengung und Ergebnis zu erreichen? Wo liegt mit anderen Worten der Optimierungspunkt?«, wird zum Betriebs-Etat gefragt. Bei Innovationen dagegen fragt der Gesellschafts-Vorstand: »Ist die Gelegenheit dafür richtig?« Wenn diese Frage bejaht werden kann, lautet die nächste: »Wieviel kann diese Gelegenheit in dem jetzigen Stadium *höchstens* absorbieren?« Erneuerungsfähige Firmen wissen, daß Erträgnisse einer Innovation gründlich von denen laufender Geschäfte verschieden sind. Über lange Zeiträume hinaus, die Jahre dauern können, bringen Innovationen keine »Erträgnisse«; sie kosten nur. Der Ertrag sollte dann allerdings exponential zunehmen. Eine Innovation ist gescheitert, wenn der Ertrag die Investition nicht mindestens einige hundertmal übersteigt, denn die Risiken sind einfach zu groß, um einen niedrigeren Ertrag zu rechtfertigen.

Es wäre töricht, von innovativen Anstrengungen den stetigen zehnprozentigen Ertrag und die ebenso hohe Wachstumsrate zu erwarten, die man den »Maßstab des erfolgreichen Managers« nennt. Die Erwartung wäre damit zugleich zu hoch und zu niedrig. Innovative Gesellschaften halten daher diese Investitionen in Erneuerungen aus der Bilanz der normalen Investitionserträge heraus und messen Vernunft und Chancen einer solchen Idee und die Kosten für ihre Verwirklichung und die Bezahlung der Kräfte, die an ihr arbeiten, auch nicht an normal zu erwartenden Investitionserträgen. Die Regel hierzu, die wahrscheinlich vor sechzig Jahren von Dupont aufgestellt worden ist, besagt, daß Neuerungen nicht in den Zahlen über den normalen Geschäftsablauf erscheinen, bis ihr Ergebnis – das neue Produkt oder der neue Prozeß – zwei oder drei Jahre lang auf dem Markt war und damit den Kinderschuhen entwachsen ist.

Trotzdem werden in einer innovativen Gesellschaft die Erneuerungs-Projekte genau überwacht.

Man hört in einer solchen Gesellschaft das Wort »Kreativität« nie – von Kreativität reden nur die ständig, für die Innovation ein Fremdwort ist. Innovative Gesellschaften sprechen von Arbeit und Selbstdisziplin. Hier wird gefragt: »Wo ist der nächste Punkt, an dem wir dieses Projekt prüfen sollten? Welche Ergebnisse sollten wir bis dahin erwarten? Wie bald können wir sie erwarten?« Wenn eine Idee zwei- oder dreimal hintereinander die gesteckten Ziele nicht erreicht, sagt man in der innovativen Gesellschaft nicht: »Wir sollten unsere Anstrengungen verdoppeln.«, sondern: »Wäre es nicht Zeit, daß wir etwas anderes versuchen?«

Vor allem organisiert sich die innovative Gesellschaft so, daß der alte Prozeß, das veraltete Produkt, alles, was nicht mehr produktiv ist, aufgegeben wird. Man wird hier nie sagen: »Für eine gute Kutscher-Peitsche wird es immer einen Markt geben.« Man ist sich klar darüber, daß alles, was Menschen geschaffen haben, früher oder später veraltet – gewöhnlich früher, und man zieht es vor, das veraltete Produkt selbst aufzugeben, statt von der Konkurrenz dazu gezwungen zu werden.

Daher wird in einer innovativen Gesellschaft ungefähr alle drei Jahre jedes Produkt, jeder Prozeß, jede Technologie und Dienstleistung, jeder Markt einer genauen Prüfung unterzogen, die für den Gegenstand dieser Prüfung über Leben und Tod entscheidet. Man fragt: »Wären wir bereit, dieses Projekt neu in Angriff zu nehmen, auf Grund dessen was wir nun jetzt darüber wissen?« Wird diese Frage verneint, so reagiert die Gesellschaft darauf nicht mit einer weiteren Studie, sondern fragt: »Wie kommen wir da heraus?«

Man könnte auch so verfahren, daß man auf das betreffende Produkt keine zusätzlichen Leistungen und Anstrengungen verwendet, aber solange dabei bleibt, wie es noch Profit abwirft – vor 20 Jahren habe ich dazu den Begriff »Milchkuh« benutzt. Oder – und darin sind die Japaner Meister – man findet Verwendungsmöglichkeiten und Märkte, wo die alte Technologie oder das alte Produkt noch wirklich neu ist und der Konkurrenz gegenüber Vorteile bietet. Wenn das nicht gemacht werden kann, gibt man es auf, weil es sinnlos wäre, weiter Geld dafür zu verschwenden. Organisierte Aufgabe des Veralteten ist für eine Gesellschaft eine sichere Methode, den Blick und die Energien ihrer Beschäftigten auf Innovation zu konzentrieren.

Wir stehen offensichtlich vor einer Periode, in der das Bedürfnis nach und die Gelegenheit für Innovationen größer sein werden als jemals zuvor in unserer Lebenszeit – vielleicht ebenso groß wie während der fünfziger Jahre vor dem 1. Weltkrieg, in denen durchschnittlich alle 18 Monate neue technische oder soziale Erfindungen gemacht wurden, auf denen fast sofort neue Industrien aufgebaut werden konnten.

Telekommunikation, Automation von Industrieprozessen durch Mikroprozessoren, das »automatisierte Büro«, rapide Veränderungen im Bank- und Finanzwesen, Biogenetik, Bio-Technik und Bio-

238

physik – dies sind nur einige von den Gebieten, in denen Veränderungen und Innovationen bereits mit großer Geschwindigkeit vor sich gehen. Um in diesem Klima konkurrenzfähig bleiben zu können, müssen die Gesellschaften selbst während einer schweren wirtschaftlichen Depression große Summen in ihren Forschungsetat stecken. Vor allem aber werden die Einstellungen, Vorgehensweisen und Verfahren der innovativen Organisation gebraucht werden.

# Schumpeter und Keynes

## (Forbes, 23. 5. 1983)

Die beiden größten Wirtschaftswissenschaftler dieses Jahrhunderts, Joseph A. Schumpeter und John Maynard Keynes, wurden beide nur wenige Monate auseinander vor hundert Jahren geboren: Schumpeter am 8. Februar 1883 in einer österreichischen Provinzstadt, Keynes am 5. Juni 1883 in Cambridge, England. (Auch ihr Tod liegt nur vier Jahre auseinander – Schumpeter starb am 8. Januar 1950 in Connecticut, und Keynes am 21. April 1946 in Südengland.) Die Hundertjahresfeier von Keynes' Geburtstag wird mit zahlreichen Büchern, Artikeln, Konferenzen und Reden begangen, Schumpeters Geburtstagsjubiläum dagegen, wenn es überhaupt registriert wird, allenfalls in einem kleinen Doktorandenseminar. Trotzdem wird es immer deutlicher, daß es Schumpeter ist, der die Gedanken und Fragen zu Wirtschaftstheorie und Wirtschaftspolitik für den Rest dieses Jahrhunderts, wenn nicht sogar für die nächsten 30 oder 50 Jahre prägen wird.

Die beiden Männer waren keine Gegner. Beide stellten seit langem als gesichert geltende Annahmen in Frage. Keynes' Widersacher waren die gleichen »Österreicher«, von denen sich Schumpeter als Student gelöst hatte, die neoklassischen Ökonomen aus der österreichischen Schule. Schumpeter hielt zwar alle Lösungen, die Keynes anbot, für falsch oder zumindest irreführend, aber er war ein freundlicher Kritiker. Eigentlich war es sogar Schumpeter, der Keynes in Amerika einführte. Als Keynes' *Allgemeine Theorie* erschien, wies Schumpeter, der inzwischen einen Lehrstuhl an der wirtschaftswissenschaftlichen Fakultät von Harvard hatte, seine Studenten an, das Buch zu lesen und sagte ihnen außerdem, Keynes' Werk hätte seine eigenen früheren Schriften über Geld überflüssig gemacht.

Keynes seinerseits hielt Schumpeter für einen der wenigen Ökonomen, die seinen Respekt verdienten. In seinen Vorlesungen bezog er sich immer wieder auf die Arbeiten, die Schumpeter während des 1. Weltkriegs veröffentlicht hatte, besonders aber auf Schumpeters Essay über die *Rechenpfennige* und bezeichnete es als den ursprünglichen Stimulus für seine eigenen Gedanken über Geld. Keynes' erfolgreichste politische Initiative, der Vorschlag, England und die Vereinigten Staaten sollten den 2. Weltkrieg durch Steuern und nicht durch Schuldverschreibungen finanzieren, ging direkt auf die Warnungen vor den katastrophalen Konsequenzen der Finanzierung des 1. Weltkriegs durch Schuldverschreibungen zurück, die Schumpeter 1918 ausgesprochen hatte.

242

Schumpeter und Keynes werden oft politisch ge-
genübergestellt; Schumpeter erscheint dabei als
der »Konservative«, und Keynes als der »Radikale«. Das Gegenteil kommt der Wahrheit wahrscheinlich näher. Die politischen Ansichten von
Keynes kommen dem recht nahe, was wir heute als
»neokonservativ« bezeichnen. Seine Theorie hat
ihren Ursprung in seiner leidenschaftlichen Bindung mit dem freien Markt und seinem Wunsch,
ihn dem Einfluß von Politikern und Regierungen
zu entziehen. Schumpeter dagegen hatte am freien
Markt ernste Zweifel. Seiner Einschätzung nach
sprach eine Menge für ein »intelligentes Monopol«
wie zum Beispiel das amerikanische Bell-Tele-
phonsystem. Es konnte es sich leisten, langfristig
zu sehen, statt von kurzfristigen Zwängen von einer Transaktion zur nächsten getrieben zu werden.
Viele Jahre war sein bester Freund der radikalste
und doktrinärste unter den europäischen Links-So-
zialisten, der Österreicher Otto Bauer, der noch an-
tikapitalistischer eingestellt war. Schumpeter
selbst war zwar nie auch nur annähernd Sozialist,
hatte aber 1919 in der einzigen sozialistischen Regierung Österreichs zwischen den Weltkriegen die
Stelle des Finanzministers. Schumpeter war immer der Überzeugung, daß Marx sich mit allen seinen Antworten fundamental irrte, aber er hielt sich
trotzdem für einen Sohn von Marx und schätzte
ihn höher als irgendeinen anderen Wirtschaftswissenschaftler. Seiner Meinung nach habe Marx zumindest die richtigen Fragen gestellt – und für

Schumpeter waren Fragen immer wichtiger als Antworten.

Die Unterschiede zwischen Schumpeter und Keynes liegen nicht nur in ihren wirtschaftlichen Theorien und politischen Einstellungen, sondern gehen viel tiefer. Die beiden sahen eine unterschiedliche wirtschaftliche Realität, beschäftigten sich mit unterschiedlichen Problemen und definierten »Wirtschaftswissenschaften« ganz anders. Diese Unterschiede sind für ein Verständnis der volkswirtschaftlichen Welt von heute äußerst wichtig.

Keynes blieb trotz seines Bruchs mit der klassischen Volkswirtschaft in ihrem Rahmen. Er war eher ein »Heretiker« als ein »Ungläubiger«. Volkswirtschaft war für Keynes die Wirtschaft des Gleichgewichts aus den von Ricardo 1810 entwickelten Theorien, die das 19. Jahrhundert beherrschten. Dieses volkswirtschaftliche Modell geht von einem geschlossenen und statischen System aus. Keynes stellte die gleiche Schlüsselfrage wie die Volkswirtschaftler des 19. Jahrhunderts: »Wie kann man eine Volkswirtschaft im Gleichgewicht und in der Stasis halten?«

Für Keynes verbergen sich die hauptsächlichen volkswirtschaftlichen Probleme in der Beziehung zwischen der »realen Volkswirtschaft« der Güter und Dienstleistungen und der »symbolischen Volkswirtschaft« von Geld und Kredit; der Beziehung zwischen Individuen und Gesamtwirtschaft sowie der »Makro-Ökonomie« des Nationalstaats;

und schließlich hinter der Frage, ob die Produktion (also das Angebot) oder der Verbrauch (also die Nachfrage) die treibende Kraft der Volkswirtschaft sind. In dieser Beziehung stand Keynes in einer direkten Linie zu Ricardo, John Stuart Mill, den »Oesterreichern« und Alfred Marshall. Diese Volkswirtschaftler des 19. Jahrhunderts, und darunter auch Marx, haben auf diese Fragen die gleichen Antworten gegeben, so sehr sie sich auch sonst unterscheiden mögen: Die »reale Volkswirtschaft« ist bestimmend, und Geld ist bloß ein »Schleier«; die Mikro-Ökonomie von Einzelnen und Firmen ist entscheidend, und die Regierung kann bestenfalls kleine Unsauberheiten bereinigen, schlimmstenfalls aber Verzerrungen bewirken; das Angebot hat die wahre Kontrollfunktion, und die Nachfrage richtet sich nach ihm.

Keynes stellte zwar die gleichen Fragen wie Ricardo, Mill, Marx, die »Oesterreicher« und Marshall, kehrte aber mit noch nie dagewesener Kühnheit die Antworten ausnahmslos um. In dem System von Keynes ist Geld und Kredit »real«, und Güter und Dienstleistungen sind Schatten der »symbolischen Volkswirtschaft« und von ihr abhängig; die »Makro-Ökonomie«, die Volkswirtschaft des Nationalstaates, ist alles, und Einzelne oder Firmen haben weder die Macht, die Volkswirtschaft zu beeinflussen, von einer Lenkung ganz zu schweigen, noch die Fähigkeit, effektive Entscheidungen zu treffen, die den Kräften der »Makro-Ökonomie« zuwiderlaufen; und volkswirtschaftliche Phänomene, Kapitalbildung, Produktivität und Beschäftigung sind Funktionen der Nachfrage.

Wir wissen inzwischen wie Schumpeter schon vor fünfzig Jahren, daß jede einzelne dieser Antworten von Keynes falsch ist, oder höchstens für Sonderfälle und in recht beschränktem Umfang Gültigkeit hat. Nehmen Sie zum Beispiel Keynes' Schlüsseltheorie: daß Ereignisse auf dem Geldmarkt – Regierungsdefizite, Zinsen, Kreditvolumen und das Volumen des im Umlauf befindlichen Gelds – die Nachfrage und damit die wirtschaftliche Lage bestimmen. Damit wird davon ausgegangen – was Keynes selbst betont hat – daß die Geldumschlagsgeschwindigkeit konstant ist und kurzfristig von Einzelnen oder Firmen nicht verändert werden kann. Schumpeter wies bereits vor 50 Jahren darauf hin, daß alle Beweise dieser Annahme widersprechen. So scheiterte tatsächlich jeder Versuch, Keynesianische Wirtschaftspolitik anzuwenden, sei es nun nach dem ursprünglichen Muster von Keynes oder nach der modifizierten Form von Friedman, an der »Mikro-Wirtschaft« von Betrieben oder Einzelnen, die, unvorhersehbar und ohne Warnung, die Umschlagsgeschwindigkeit von Geld fast über Nacht änderten.

Als die Rezepte von Keynes zum erstenmal ausprobiert wurden – in den Vereinigten Staaten in den frühen Tagen des New Deal – schienen sie zunächst zu wirken. Dann aber reduzierten Konsumenten und Betriebe innerhalb weniger kurzer Monate die Umschlagsgeschwindigkeit von Geld drastisch. Das verhinderte einen Aufschwung, der auf defizitären Regierungsausgaben basierte, und führte zu einem zweiten Zusammenbruch der Börse im Jahr 1937. Das beste Beispiel aber sind die Ereignisse in den U.S.A. während der letzten Jahre. Der energische Versuch der Federal Reserve, die Wirtschaft durch Kontrolle der Geldzufuhr zu kontrollieren, ist an den Konsumenten und Firmen praktisch gescheitert, die plötzlich und fast hektisch Spareinlagen in die Geldmarkt-Fonds verschoben und langfristige Investitionen in flüssige Mittel verwandelten, also aus langsamem Geld schnelles Geld machten. Das führte so weit, daß inzwischen niemand mehr wirklich weiß, was »Geldzufuhr« ist oder auch nur, was dieser Begriff bedeutet. Individuen und Firmen, die ihre eigenen Interessen verfolgen und sich von ihren Beobachtungen der ökonomischen Realitäten leiten lassen, werden immer einen Weg finden, das »System« zu schlagen – ob sie nun, wie im sowjetischen Block, die gesamte Wirtschaft in einen gigantischen schwarzen Markt verwandeln, oder, wie in den Vereinigten Staaten in den letzten Jahren, über Nacht trotz Gesetzen, Bestimmungen und Wirtschaftswissenschaftlern das Finanz-System ändern.

Das bedeutet nun nicht, daß die Wirtschaftswissenschaft zu dem vor-keynesianischen Neoklassizismus zurückkehren wird. Keynes' Kritik an den neoklassizistischen Lösungen ist ebenso stichhaltig wie Schumpeters Kritik an Keynes. Da wir aber wissen, daß Individuen das System schlagen können und werden, haben wir die Sicherheit verloren, die Keynes der Wirtschaftswissenschaft gebracht hat und die das System von Keynes seit 50 Jahren zum Leitstern der Wirtschaftstheorie und -Politik gemacht hat. Sowohl Friedmans Monetarismus als auch die angebotsorientierte Wirtschaftspolitik stellen verzweifelte Versuche dar, Keynes' System des Gleichgewichts in der Wirtschaft noch zu retten. Es ist jedoch unwahrscheinlich, daß es mit einem der beiden Ansätze gelingen wird, die selbsttragende, selbstsichere Wirtschaft im Gleichgewicht wiederherzustellen, oder gar eine Wirtschaftstheorie oder eine Wirtschaftspolitik zu finden, in der ein Faktor, seien es nun Regierungsausgaben, Zinssätze, Geldzufuhr oder Steuersenkungen, die Wirtschaft vorausschaubar und so gut wie sicher kontrolliert.

Es war Schumpeter von Anfang an klar, daß die Antworten von Keynes sich als ebenso wenig gültig erweisen würden wie die vor Keynes, die sie abgelöst hatten. Das aber war für ihn weit weniger wichtig als die Erkenntnis, daß die Fragen, die Keynes und seine Vorgänger gestellt hatten, nach Schumpeters Einschätzung nicht die wirklich wesentlichen Fragen waren. Für ihn war der grundsätzliche Irrtum die Voraussetzung selbst, von der Keynes ausgegangen war: die Annahme, daß die gesunde, »normale« Wirtschaft sich in einem statischen Gleichgewicht befindet. Schumpeter dagegen vertrat seit seiner Studentenzeit die Meinung, daß eine moderne Wirtschaft sich immer in einem dynamischen Ungleichgewicht befindet. Schumpeters Wirtschaft ist kein geschlossenes System wie das Newtonsche Universum – oder Keynes' »Makro-Ökonomie«. Sie wächst und verändert sich vielmehr ständig und ist in ihrer Natur eher biologisch als mechanistisch. Wenn Keynes ein »Heretiker« war, so war Schumpeter ein »Ungläubiger«.

Schumpeter war selbst ein Schüler der größten österreichischen Ökonomen, und er studierte zu einer Zeit, als Wien die Welthauptstadt der Wirtschaftswissenschaften war. Er bewahrte sich seine Zuneigung zu seinen Lehrern sein Leben lang auf. Seine Dissertation aber – sie wurde das erste seiner großen Bücher, *Die Theorie der wirtschaftlichen Entwicklung* (die in ihrer deutschen Urfassung 1911 erschien, als Schumpeter erst 28 Jahre alt war) – beginnt mit der Aussage, daß das Zentralproblem der Wirtschaftswissenschaft nicht das Gleichgewicht, sondern die strukturelle Veränderung ist. Dies führte zu Schumpeters berühmter Theorie über den Innovator als das wahre Subjekt der Ökonomie.

Die klassische Ökonomie siedelte ebenso wie Keynes die Innovation außerhalb des Systems an. Die Innovation gehörte in die Kategorie von »Katastrophen außerhalb« wie Erdbeben, Klima oder Krieg, die zwar, wie jeder weiß, einen bedeutenden Einfluß auf die Wirtschaft haben, aber nicht zur Wirtschaftswissenschaft gehören. Schumpeter dagegen besteht darauf, daß Innovation – d.h. dynamisches Jung- und Neu-Unternehmertum, mit dem die zur Verfügung stehenden Arbeitskräfte und Mittel von alten, unrentabel werdenden Bereichen auf produktivere Gebiete verlegt werden – der eigentliche Kern der Volkswirtschaft und auf jeden Fall einer modernen Wirtschaft ist.

Diese Vorstellung hat er, wie er selbst als erster zugab, von Marx übernommen. Er benutzte sie jedoch, um Marx zu widerlegen. In Schumpeters *Wirtschaftliche Entwicklung* wird erreicht, was weder die klassischen Ökonomen noch Marx oder Keynes geschafft haben: dem Profit wird eine volkswirtschaftliche Funktion nachgewiesen. In der Ökonomie von Veränderung und Innovation ist der Profit im Gegensatz zu Marx nicht ein Mehrwert, der den Arbeitern gestohlen worden ist, sondern vielmehr die einzige Quelle für Arbeitsplätze und Einkommen für die Arbeiter. Die Theorie der wirtschaftlichen Entwicklung zeigt auf, daß niemand außer dem Innovator echten »Profit« macht und daß dieser Profit immer recht kurzlebig ist.

Profit ist aber zugleich, um Schumpeters berühmten Ausdruck zu gebrauchen, »kreative Zerstörung«. Er läßt die Kapitalausstattung und Kapitalinvestition von gestern veralten. Je weiter sich daher eine Wirtschaft entwickelt, desto mehr Kapitalbildung wird sie brauchen. Damit ist der Profit, wie ihn der klassische Volkswirtschaftler – oder Buchhalter oder Börsenmakler – nennt, in Wirklichkeit Unkosten, die notwendig sind, um im Geschäft bleiben zu können und eine Zukunft zu finanzieren, von der wir nichts mit Sicherheit voraussagen können, als daß das profitable Geschäft von heute der Klotz am Bein von morgen sein wird. Kapitalbildung und Produktivität sind also nötig, um die Wirtschaft weiter Reichtum produzieren zu lassen und vor allem die Arbeitsplätze von heute zu erhalten und die von morgen zu schaffen.

Schumpeters Theorie vom »Innovator« mit seiner »kreativen Zerstörung« ist bisher die einzige, mit der erklärt wird, warum es so etwas gibt wie das, was wir »Profit« nennen. Die klassischen Ökonomen wußten ganz genau, daß sie mit ihrer Theorie keine Begründung für den Profit liefern konnten. In einem geschlossenen Wirtschaftssystem, das sich im Gleichgewicht befindet, gibt es für Profit weder einen Platz, noch eine Rechtfertigung oder Erklärung. Faßt man den Profit dagegen als Kostenfaktor auf, und besonders wenn nur mit Profit die Arbeitsplätze gehalten und neue geschaffen werden können, so wird »Kapitalismus« wieder zu einem moralischen System.

Moral und Profite. Die klassischen Ökonomen hatten die Ansicht vertreten, daß Profit als Anreiz für Risikobereitschaft nötig ist. Macht ihn das aber nicht zu einer Bestechung, die moralisch nicht zu rechtfertigen ist? Dieses Dilemma hatte den brillantesten Ökonom des 19. Jahrhunderts John Stuart Mill dazu gebracht, sich in seinen späteren Jahren dem Sozialismus zuzuwenden. Es machte es für Marx leicht, eine nüchterne Analyse des »Sy-

stems« mit einer an einen alttestamentarischen Propheten erinnernden moralischen Verurteilung der »Ausbeuter« zu verschmelzen. Die moralische Bedenklichkeit des Profits als Anreiz ermöglichte es Marx, den »Kapitalisten« als böse und unmoralisch zu verurteilen und zugleich »wissenschaftlich« festzustellen, daß er keine echte Funktion hat und daß sein baldiges Absterben »unvermeidlich« ist. Sobald man jedoch nicht mehr von dem Modell einer unveränderlichen, sich selbst tragenden, geschlossenen Wirtschaft ausgeht und stattdessen Schumpeters dynamische, wachsende, bewegliche und sich ändernde Wirtschaft zugrundelegt, verliert der »Profit« seine unmoralische Qualität und wird sogar zu einem moralischen Imperativ. Die Frage: Wie kann die Wirtschaft strukturiert werden, um die Bestechung mit dem funktionslosen Überschuß, der »Profit« genannt wird und der den »Kapitalisten« in die Tasche gesteckt werden muß, um die Wirtschaft aufrechtzuerhalten, auf ein Minimum zu beschränken?, die die klassischen Ökonomen und dann Keynes so sehr beunruhigt hat, wird damit unerheblich. Die Frage, die in dem wirtschaftswissenschaftlichen Ansatz Schumpeters immer gestellt wird, lautet vielmehr: Gibt es einen ausreichenden Profit? Reicht die Kapitalbildung aus, um die Kosten der Zukunft abdecken zu können, um im Geschäft zu bleiben und die »kreative Zerstörung« zu finanzieren?
Das allein macht Schumpeters ökonomisches Modell zu dem einzigen, das als Ausgangspunkt für

die Wirtschaftspolitik dienen könnte, die wir brauchen. Offensichtlich kann die Keynesianische – oder klassische – Einschätzung der Innovation, sie stünde außerhalb der Wirtschaft und habe nur eine minimale Auswirkung auf sie, nicht mehr aufrechterhalten werden (wenn das überhaupt jemals möglich war). Die grundsätzliche Frage der Wirtschaftstheorie und -Politik, besonders in den entwickelten Ländern, ist deutlich: Wie kann Kapitalbildung und Produktivität aufrechterhalten werden, so daß sowohl eine rapide technologische Veränderung als auch Beschäftigung gewährleistet bleiben? Wie hoch muß der Profit mindestens sein, um die Kosten der Zukunft abzudecken? Wieviel Profit ist vor allem nötig, um die Arbeitsplätze zu sichern und neue zu schaffen?

Schumpeter nannte keine Antworten – von Antworten hielt er nicht allzu viel. Er stellte aber bereits vor 70 Jahren als sehr junger Mann die Frage, die deutlich in den kommenden Jahren in der Wirtschaftstheorie und -Politik *die* zentrale Rolle spielen wird.

Dann wurde es Schumpeter während des 1. Weltkriegs lange vor irgendjemand anders – und gute 10 Jahre vor Keynes – klar, daß die wirtschaftliche Realität sich änderte. Es wurde ihm bewußt, daß der 1. Weltkrieg eine Monetarisierung der Wirtschaft aller Kriegsteilnehmer bewirkt hatte. Im Verlauf des Kriegs war es einem Land nach dem anderen, darunter auch seiner Heimat, dem noch recht rückständigen Kaiserreich Österreich-Un-

253

garn, gelungen, teilweise durch Besteuerung, hauptsächlich aber durch Anleihen, den gesamten flüssigen Besitz des Landes zu mobilisieren. Geld und Kredit, und nicht Güter und Dienstleistungen, waren zur »realen Ökonomie« geworden.

1918 – als die Welt, in der Schumpeter aufgewachsen war und die er kannte, um ihn herum zusammenbrach – veröffentlichte er in einer deutschen Wirtschaftszeitschrift ein brillantes Essay, in dem er die Meinung vertrat, von jetzt an werde Geld und Kredit zum wahren Kontrollhebel werden. Weder das Warenangebot, wie die Klassizisten argumentiert hatten, noch die Nachfrage, wie manche der frühen Nonkonformisten behaupteten, würde in Zukunft weiter die bestimmende Rolle spielen. Monetäre Faktoren – Defizite, Kredit, Steuern – würden über die wirtschaftliche Aktivität und die Zuweisung von Mitteln entscheiden.

Dies ist natürlich die gleiche Erkenntnis, auf der Keynes später seine *Allgemeine Theorie* aufbaute. Schumpeters Schlüsse unterschieden sich jedoch radikal von denen, zu denen Keynes kam. Keynes meinte, die »Symbol-Wirtschaft« von Geld und Kredit würde den »Ökonomen-König« ermöglichen, den wissenschaftlichen Ökonomen, der durch Bedienung einiger einfacher monetärer Tasten – Regierungsausgaben, Zinssätze, Kreditvolumen oder Regulation der im Umlauf befindlichen Geldmenge – für ein permanentes Gleichgewicht mit Vollbeschäftigung, Prosperität und Stabilität sorgen könnte. Schumpeter aber kam zu dem

Schluß, daß mit einer Symbol-Wirtschaft als herr-
schendes wirtschaftliches Prinzip der Tyrannei die
Tür geöffnet werden würde, ja, daß sie sogar Tyrannei einlud. Den Unfehlbarkeitsanspruch des Wirt-
schaftswissenschaftlers hielt er für reinen Größen-
wahn. Vor allem aber erkannte er, daß die Macht
nicht in den Händen des Ökonomen, sondern in
denen der Politiker und Generäle liegen würde.
Dann veröffentlichte Schumpeter im gleichen Jahr
kurz vor Ende des Kriegs *Der Steuer-Staat*. Wieder
kommt er zu der gleichen Erkenntnis wie Keynes
15 Jahre später (Keynes gestand oft ein, daß er sie
Schumpeter verdankte): Der moderne Staat hat
sich durch Besteuerung und Anleihen die Macht
erworben, Einkommen zu verschieben und durch
»Transferleistungen« die Distribution des Sozial-
produkts zu kontrollieren. Für Keynes war diese
Macht ein Zauberstab, mit dem sowohl soziale Ge-
rechtigkeit und wirtschaftlicher Fortschritt als
auch wirtschaftliche Stabilität und verantwor-
tungsvolle Verwaltung der Steuern erreicht werden konnte. Für Schumpeter – vielleicht, weil er
im Gegensatz zu Keynes sowohl Marx als auch die
Geschichte studiert hatte – war diese Macht eine
Aufforderung zu politischer Verantwortungslosig-
keit, weil durch sie sämtliche wirtschaftlichen Si-
cherungsvorrichtungen gegen die Inflation elimi-
niert wurden. In der Vergangenheit hatte die Unfä-
higkeit des Staats, mehr als einen sehr geringen
Teil des Bruttosozialprodukts zu besteuern oder
mehr als einen sehr kleinen Teil der Mittel des

Landes zu leihen, die Inflation von selbst beschränkt. Nun würde der einzige Schutz gegen Inflation politischer Art sein, also praktisch Selbstdisziplin, und Schumpeter stand der Fähigkeit der Politiker zu Selbstdisziplin mit einer gewissen Skepsis gegenüber.

Schumpeters Arbeit als Wirtschaftswissenschaftler nach dem 1. Weltkrieg ist für die Wirtschaftstheorie von großer Bedeutung. Er wurde zu einem der Väter der Konjunktur-Theorie.

Schumpeters bedeutendste Beiträge in den 32 Jahren zwischen dem Ende des 1. Weltkriegs und seinem Tod im Jahr 1950 liegen jedoch auf dem Gebiet der politischen Ökonomie. 1942, als jedermann Angst vor einer weltweiten deflationären Depression hatte, veröffentlichte Schumpeter sein bekanntes Buch, *Kapitalismus, Sozialismus und Demokratie*, das noch immer viel gelesen wird, und das auch verdient. In diesem Buch brachte er die These vor, daß der Kapitalismus von seinem eigenen Erfolg zerstört werden würde. Durch ihn würde die »neue Klasse« entstehen, wie wir sie heute bezeichnen: Bürokraten, Intellektuelle, Professoren, Anwälte, Journalisten, die alle von den wirtschaftlichen Früchten des Kapitalismus profitierten, praktisch als Schmarotzer davon lebten, aber zugleich alle dem Ethos der Produktion von Reichtum, der Spartätigkeit und der Zuweisung von Mitteln für die wirtschaftliche Produktivität mit Ablehnung gegenüberstanden. Die 40 Jahre, die seit dem Erscheinen von Schumpeters Buch vergangen sind, haben bewiesen, daß Schumpeter ein bedeutender Prophet war.

Er argumentierte dann weiter, der Kapitalismus würde gerade von der Demokratie zerstört werden, die zu schaffen er geholfen und die er ermöglicht hatte. In einer Demokratie würde nämlich jede Regierung, weil sie populär werden oder bleiben wollte, darauf hinarbeiten, daß der Staat immer mehr zum »Steuer-Staat« werden würde, würde immer mehr Mittel vom Produzenten zum Nicht-Produzenten verschieben, sie (die Mittel) also von Stellen, wo sie gespart werden könnten, um zum Kapital von morgen zu werden, zu den Konsumenten zu lenken. Damit würde die Regierung in einer Demokratie immer mehr unter inflationären Druck geraten. Schließlich, so sagte er voraus, würde die Inflation sowohl Demokratie als auch Kapitalismus zerstören.

Als er das 1942 schrieb, lachte fast jeder. Nichts schien unwahrscheinlicher als eine Inflation, die auf wirtschaftlichem Erfolg beruhte. Nun, 40 Jahre später, ist das sowohl für die Demokratie als auch für die Wirtschaft des freien Markts zum zentralen Problem geworden, wie Schumpeter es vorausgesagt hatte.

Die Keynesianer läuteten in den 40er Jahren ihr »gelobtes Land« ein, in dem der »Ökonomen-König« das perfekte Gleichgewicht einer ewig stabilen Wirtschaft durch die Kontrolle über Geld, Kredit, Ausgaben und Steuern garantieren würde. Schumpeter aber beschäftigte sich immer mehr mit der Frage, wie der öffentliche Sektor so kontrolliert und eingeschränkt werden könnte, daß die politische Freiheit aufrechterhalten und eine Wirtschaft sich entwickeln könnte, die leistungsfähig ist und wachsen und sich verändern kann. Als der Tod ihm an seinem Schreibtisch die Feder aus der Hand nahm, überarbeitete er gerade die Rede, die er einige Tage davor als Präsident der *American Economic Association* gehalten hatte. Der letzte Satz, den er schrieb, lautete: »Die Stagnationisten täuschen sich mit ihrer Diagnose des Grundes dafür, daß der kapitalistische Prozeß stagnieren würde; sie könnten mit ihrer Prognose, er werde stagnieren, trotzdem recht behalten – mit ausreichender Hilfe vom öffentlichen Sektor.«

Keynes' bekanntester Ausspruch ist sicherlich: »Langfristig gesehen sind wir alle tot.« Das ist wohl eine der albernsten Bemerkungen, die je gemacht worden ist. Natürlich sind wir langfristig gesehen alle tot. In einer besonneneren Stimmung bemerkte Keynes aber einmal, die Taten der Politiker von heute seien gewöhnlich auf die Theorien von längst verstorbenen Wirtschaftswissenschaftlern gegründet. Es ist ein kompletter Trugschluß, zu glauben, die Optimierung kurzfristiger Belange würde langfristig auch die richtige Zukunft schaffen. Keynes trägt einen großen Teil der Verantwortung für das extrem kurzfristige Denken in der modernen Politik, Ökonomie und Wirtschaft – das kurzfristige Denken, das heute mit erheblicher Berechtigung für eine große Schwäche der amerikani-

schen Führungskräfte in Politik und Wirtschaft gehalten wird.

Auch Schumpeter wußte, daß politische Maßnahmen kurzfristig ebenfalls passen müssen. Er hat
diese Lektion unter Schmerzen gelernt – als Fi-
nanzminister in der neugebildeten österreichischen Republik, in der er völlig erfolglos versuchte,
die Inflation anzuhalten, bevor sie ausuferte. Er
wußte, daß er gescheitert war, weil seine Maßnahmen kurzfristig nicht akzeptabel waren – die gleichen Maßnahmen, die zwei Jahre später ein volks-
wirtschaftlicher Laie, ein Politiker und Professor
für Moraltheologie, anwandte, um die Inflation zu
bremsen, aber erst, nachdem sie Österreichs Wirtschaft und Mittelstand beinahe zerstört hätte.

Schumpeter wußte aber auch, daß kurzfristige
Maßnahmen sich langfristig auswirken. Es ist ver-
antwortungslos, nicht an die Zukunft von kurzfristigen Entscheidungen und ihre Wirkung, »nachdem wir alle tot sind«, zu denken. Außerdem führt
es zu falschen Entscheidungen. Die ständige Betonung, die Schumpeter darauf legt, die langfristigen
Konsequenzen der gefälligen, populären, klugen
und brillanten Lösung gründlich durchzudenken,
macht ihn zu einem großen Wirtschaftswissenschaftler und sein Werk zu der passenden Anlei-
tung in der heutigen Zeit, in der kurzfristige, brillante Wirtschaft – aber auch kurzfristige brillante
Politik – Bankrott gemacht haben.

In mancher Beziehung wiederholt sich mit Schumpeter und Keynes die bekannteste Konfrontation

von Philosophen in der westlichen Welt – der von Platon festgehaltene Dialog zwischen Parmenides, dem brillanten, klugen, unwiderstehlichen Sophisten, und dem langsamen und häßlichen, aber weisen Sokrates. In den Jahren zwischen den beiden Weltkriegen war niemand brillanter und klüger als Keynes. Schumpeter sah im Vergleich mit ihm aus wie ein schwerfälliger Fußgänger – aber er besaß Weisheit. Klugheit trägt den Tagessieg davon. Weisheit aber hat Bestand.